# IA PARA TODOS

## Leonardo Dias

# SUMÁRIO

[Título do livro], por [Nome do autor]

*Dedicado à Regina Maria, minha mãe, que me inspirou a incentivou nos estudos da tecnologia.*

# Introdução

Vamos começar a jornada de "IA para todos" com uma introdução que honre o espírito dos pioneiros. Imagino a cena: Alan Turing, sentado diante de uma máquina estranha, composta de fios, luzes e rodas dentadas, numa corrida contra o tempo para decifrar as mensagens criptografadas dos nazistas. Esse foi um dos primeiros passos em direção ao que conhecemos hoje como inteligência artificial.

## A Máquina de Turing e a Quebra de Enigma

Para ilustrar o que Turing tentou fazer, vamos começar com um exemplo de código. Se Turing tivesse criado uma linguagem de programação, ela provavelmente seria lógica, minimalista, e voltada para manipulação de strings. Vamos recriar, em Python (uma linguagem moderna mas simples de entender), um pedaço do que seria um simulador de uma máquina de Turing tentando decifrar a Enigma.

Imagine um código que faça uma substituição de letras baseado em uma chave secreta - algo simples, que demonstre o conceito de criptografia e decifração. Se você não é afeito a códigos, não se preocupe, isso aqui é só para os mais curiosos mesmo. Pode pular os códigos desse livro tranquilamente.

```
# Tentando simular a lógica de quebra de código
que Turing poderia usar contra a Enigma
import string
```

```python
# Chave de substituição simples (uma simplificação
da Enigma)
chave = {
    'A': 'D', 'B': 'E', 'C': 'F', 'D': 'G', 'E': 'H', 'F': 'I', 'G': 'J',
    'H': 'K', 'I': 'L', 'J': 'M', 'K': 'N', 'L': 'O', 'M': 'P', 'N': 'Q',
    'O': 'R', 'P': 'S', 'Q': 'T', 'R': 'U', 'S': 'V', 'T': 'W', 'U': 'X',
    'V': 'Y', 'W': 'Z', 'X': 'A', 'Y': 'B', 'Z': 'C'
}

# Função para cifrar uma mensagem
def cifrar_mensagem(mensagem):
    mensagem_cifrada = []
    for char in mensagem.upper():
        if char in chave:
            mensagem_cifrada.append(chave[char])
        else:
            mensagem_cifrada.append(char)
    return ''.join(mensagem_cifrada)

# Mensagem original (simulando uma mensagem
alemã)
mensagem_original = "OPERATION AT DAWN"
mensagem_cifrada                                   =
cifrar_mensagem(mensagem_original)

print(f"Mensagem original: {mensagem_original}")
print(f"Mensagem cifrada: {mensagem_cifrada}")
```

Neste exemplo, estamos criando um cifrador básico de substituição, algo que Turing poderia ter usado como ponto de partida para entender como decifrar a complexidade da Enigma. Claro, a máquina Enigma era muito mais complexa, com seus rotores e ligações internas. Mas a ideia aqui é ilustrar o processo de tentativa e erro, de criar um algoritmo capaz de quebrar padrões.

## Onde Estamos Agora

De um algoritmo simples que tenta mapear letras para outras letras, evoluímos para redes neurais, modelos gigantescos como o GPT-4, capazes de compreender e gerar linguagem humana com uma precisão impressionante. A inteligência artificial, em seus primeiros passos, lidava com problemas de manipulação simbólica e decodificação. Hoje, estamos lidando com modelos que aprendem a partir de quantidades gigantescas de dados, compreendem nuances do discurso e até dialogam de maneira significativa.

Nesta introdução, queremos que o leitor compreenda que o nascimento da IA foi motivado por problemas muito concretos: decifrar mensagens, resolver quebra-cabeças que a mente humana, mesmo brilhante, demoraria meses ou anos para resolver. Alan Turing, ao imaginar sua máquina universal, deu o primeiro grande passo. E hoje, décadas depois, estamos navegando nas águas que ele desbravou.

Nos próximos capítulos, vamos explorar como passamos de problemas de criptografia para problemas de aprendizado. Como as máquinas deixaram de ser apenas executoras de instruções fixas e começaram a aprender, a raciocinar, a entender.

A jornada de "IA para todos" traz o leitor do passado ao presente, para entender não apenas como chegamos até aqui, mas para onde podemos ir a partir deste ponto.

# Capítulo 1: IA Generativa - Da Predição à Criação

A inteligência artificial generativa é o resultado de décadas de avanços em aprendizado de máquina, começando por problemas de predição. Neste capítulo, vamos mergulhar em como as máquinas aprenderam a prever, extrapolar e, eventualmente, criar.

## Predição: O Primeiro Passo

A base do aprendizado de máquina está em um conceito simples, mas incrivelmente poderoso: predição. Predição é sobre tomar dados conhecidos e, a partir deles, inferir algo desconhecido. Imagine um ponto de partida em que você possui dados sobre vendas de sorvete em diferentes temperaturas. Se os dados mostrarem que quanto maior a temperatura, maiores as vendas, a ideia é que podemos modelar essa relação para prever quantas unidades de sorvete venderemos quando soubermos a previsão do tempo. A isso chamamos de regressão, e existem formas clássicas de modelar essa relação.

Um dos modelos mais básicos é o modelo linear. Podemos definir uma equação que se assemelha a algo que aprendemos na escola:

$$y = a \cdot x + b$$

Onde:

- $y$ é o valor que queremos prever (neste caso, as vendas de sorvete).
- $a$ é a variável de entrada (a temperatura).
- $x$ é o coeficiente que representa a relação entre [OBJ] e [OBJ] (quanto as vendas aumentam com cada grau a mais).
- $b$ é o termo de ajuste, uma constante.

Modelos lineares são intuitivos e fáceis de explicar, mas o mundo real frequentemente é muito mais complicado. Para resolver problemas mais complexos, precisamos de modelos mais flexíveis, como os logarítmicos, exponenciais ou mesmo modelos não lineares, que capturam padrões muito mais detalhados.

## Complexidade Crescente: Redes Neurais

Conforme os problemas se tornam mais complicados, precisamos de modelos que consigam capturar padrões que não são óbvios, que possam aprender diretamente dos dados sem depender de uma fórmula específica. É aqui que entram as redes neurais. Uma rede neural é uma tentativa de simular, de maneira extremamente simplificada, como o cérebro humano funciona. Considere um modelo com várias camadas, cada uma composta por nós (ou "neurônios") que processam partes dos dados de entrada e transmitem informações para a próxima camada.

Para ilustrar o conceito, vamos criar um exemplo com uma rede neural que aprende a classificar diferentes tipos de frutas. Suponha que tenhamos dados sobre o peso, a cor, e o formato de frutas, e queremos construir um modelo que consiga prever se uma fruta é uma maçã ou uma laranja. Numa rede neural, cada nó ajusta seus pesos de acordo com os exemplos que já viu, aprendendo a identificar padrões que diferenciam maçãs de laranjas.

Aqui está um pequeno exemplo de código que mostra uma rede neural simples em Python usando a biblioteca Keras, para resolver um problema básico de classificação:

```
from keras.models import Sequential
from keras.layers import Dense
import numpy as np

# Criando dados simulados (peso, cor, formato) para
treinar a rede
dados_entrada = np.array([[150, 1, 1], [130, 1, 1], [180,
0, 0], [160, 0, 0]])
rotulos = np.array([[1], [1], [0], [0]])  # 1 = maçã, 0 =
laranja

# Criando o modelo
```

```python
modelo = Sequential()
modelo.add(Dense(10,                          input_dim=3,
activation='relu'))   # Camada de entrada com 3
atributos
modelo.add(Dense(1,   activation='sigmoid'))        #
Camada de saída que retorna uma probabilidade

# Compilando o modelo
modelo.compile(loss='binary_crossentropy',
optimizer='adam', metrics=['accuracy'])

# Treinando o modelo
modelo.fit(dados_entrada,   rotulos,   epochs=100,
verbose=0)

# Fazendo uma previsão
nova_fruta = np.array([[140, 1, 1]])   # Peso, cor,
formato
resultado = modelo.predict(nova_fruta)
print(f"Probabilidade    de    ser    maçã:
{resultado[0][0]:.2f}")
```

Este exemplo nos mostra uma rede simples, mas é uma introdução ao poder que essas redes têm para aprender padrões. Imagine uma rede com milhões de neurônios, que tenha sido treinada com bilhões de exemplos. Esse é o princípio por trás dos modelos modernos.

## De Redes Neurais à IA Generativa

Foi a partir dessas redes neurais que chegamos à inteligência artificial generativa. Quando falamos de IA generativa, falamos de uma categoria de modelos que não apenas classificam dados ou fazem predições — eles criam novos dados, simulam algo que não existia antes. É como pedir a uma IA para não apenas classificar se uma imagem é de um gato, mas para desenhar um gato realista do zero.

Os modelos como o GPT (*Generative Pre-trained Transformer*) funcionam porque foram treinados em enormes volumes de dados textuais. Eles aprenderam não apenas a identificar padrões na linguagem, mas a replicar esses padrões para criar algo novo. O que torna esses modelos especiais é o uso de arquiteturas complexas, chamadas Transformers, que ajudam o modelo a entender a relação entre palavras ou frases em uma sequência.

Imagine a diferença entre prever as vendas de sorvete e escrever uma receita de sorvete. Com IA generativa, mudamos de "prever" para "criar". O modelo agora é capaz de criar algo novo que faz sentido dentro do contexto em que foi treinado. Isso exige uma capacidade impressionante de reconhecer contextos, padrões e construir novas estruturas a partir do que foi aprendido.

Este capítulo mostrou como passamos da predição, simples e direta, para a criação. E ao fazer isso, começamos a explorar como as máquinas deixaram de ser apenas calculadoras aprimoradas e se tornaram algo mais — assistentes que podem criar, imaginar e contribuir para o conhecimento humano de maneiras surpreendentes. Nos próximos capítulos, vamos explorar mais sobre como essas redes se tornam capazes de gerar textos, imagens e até mesmo conceitos novos.

# Capítulo 2: A cruzada pela próxima palavra

Imagine uma enorme biblioteca, não apenas com livros empilhados, mas com cada palavra de cada livro conectada a outras palavras através de um vasto e invisível emaranhado de associações. Essa é a essência da inteligência artificial generativa moderna: uma rede intrincada que tenta, incansavelmente, prever a próxima palavra.

## Uma Grande Biblioteca de Conexões

Para entender como os modelos de linguagem funcionam, pense na construção de frases como uma narrativa dentro de uma biblioteca mágica. Nessa biblioteca, cada palavra tem vizinhos e contextos — não apenas nos livros, mas também em como cada uma dessas palavras aparece, se repete, se relaciona, e se transforma dependendo do que veio antes ou do que vem depois.

Quando falamos de IA generativa, estamos falando de um modelo que foi treinado em uma biblioteca muito maior do que qualquer ser humano poderia ler em toda sua vida. O GPT, por exemplo, foi treinado com milhões de livros, artigos, websites e outros conteúdos textuais. O objetivo? Entender como as palavras se combinam para construir significados e, principalmente, aprender a responder uma pergunta crucial: "Qual é a próxima palavra que deveria vir em seguida?"

# A Cruzada pela Próxima Palavra

Vamos imaginar o processo pelo qual a IA passa quando está escrevendo um texto. Pense nela como um explorador que precisa atravessar um território desconhecido, mas que tem um mapa com todos os possíveis caminhos. Para cada palavra que ela escreve, o modelo examina o contexto anterior e busca, na sua enorme biblioteca interna, qual seria a palavra mais provável que venha a seguir.

Por exemplo, se o modelo lê "O céu está...", ele sabe que as palavras mais comuns que seguem são algo como "azul", "nublado" ou "limpo". Tudo depende do contexto. Se o contexto for mais dramático, talvez "tempestuoso" seja a próxima palavra escolhida. Mas como ele faz isso? Ele utiliza probabilidades. Para cada palavra possível, ele atribui uma chance de ser a próxima, com base em tudo o que já leu antes. Esse é o cerne da predição da próxima palavra.

Aqui está um pequeno exemplo em Python de como uma IA pode começar a tentar prever a próxima palavra com base em uma biblioteca muito pequena de exemplos:

```
import random

# Pequena base de frases para aprender
biblioteca = {
```

```
    "O céu está": ["azul", "nublado", "limpo",
"tempestuoso"],
    "Eu gosto de": ["chocolate", "livros", "música",
"viajar"],
    "Hoje é um dia": ["ensolarado", "chuvoso",
"especial", "tranquilo"]
}

# Função para prever a próxima palavra
def prever_proxima_palavra(frase):
    if frase in biblioteca:
        return random.choice(biblioteca[frase])
    else:
        return "não encontrado"

# Testando a previsão
frase_inicial = "O céu está"
proxima_palavra                                    =
prever_proxima_palavra(frase_inicial)

print(f"Frase inicial: {frase_inicial}")
print(f"Próxima palavra sugerida: {proxima_palavra}")
```

Este exemplo é incrivelmente simplificado, mas ajuda a entender a lógica por trás da predição de palavras. A IA, ao ser treinada com um conjunto massivo de textos, cria uma representação probabilí stica do que deve vir depois de cada palavra ou sequência de palavras.

## Como o Modelo Aprende?

A chave de um modelo como o GPT está no processo de aprendizado chamado *transformer*. Esta arquitetura permite que o modelo leve em consideração não apenas a última palavra escrita, mas todo o contexto da frase ou até do parágrafo. Isso significa que a IA não escolhe a próxima palavra com base apenas na palavra anterior, mas no significado e no contexto de tudo o que foi dito até agora.

Por exemplo, se estivermos falando sobre um filme de ficção cient ífica, e a frase for "No espaço, ninguém pode ouvir...", o modelo vai saber, com uma alta probabilidade, que a próxima palavra é "você" (fazendo referência ao famoso slogan de "Alien"). O poder de um modelo como o GPT está na sua capacidade de "entender" o contexto em uma profundidade que torna a predição da próxima palavra incrivelmente precisa e coerente.

## Criando um Texto que Faz Sentido

Agora, imagine um modelo que faz isso bilhões de vezes por segundo, considerando milhões de possibilidades, cada uma delas ajustada pela chance de fazer sentido dentro daquele contexto específico. O que emerge não é apenas uma frase aleatória, mas um texto coerente, que pode responder perguntas, contar histó rias, ou mesmo criar poesia. Essa é a cruzada pela próxima palavra — uma busca interminável pelo próximo fragmento de sentido que conecte a ideia anterior à próxima, criando uma cadeia contí nua de significado.

Assim, a inteligência artificial generativa trabalha como um grande compilador de possibilidades, uma máquina que transforma o conhecimento passado em algo novo, útil e surpreendente. Ao prever a próxima palavra, ela não apenas completa frases, mas constrói ideias, desenvolve argumentos, e at é mesmo imita estilos literários. Ela transforma a vasta biblioteca do conhecimento humano em um fluxo contínuo de criação.

No próximo capítulo, vamos aprofundar como os modelos Transformers tornaram essa "cruzada" tão eficiente e poderosa. Vamos explorar como a matemática por trás das palavras as conecta e as transforma, possibilitando que os modelos de IA gerem não apenas frases, mas também contextos que parecem surpreendentemente humanos.

# Capítulo 3: Transformando o Contexto em Inovação

No capítulo anterior, exploramos como a IA generativa faz previsões, criando uma "cruzada pela próxima palavra" que lhe permite construir textos coerentes e significativos. Agora, vamos mergulhar em como isso se tornou possível graças aos transformers e como essa tecnologia permite aplicações práticas que vão muito além da geração de palavras — transformando a maneira como os negócios e a sociedade interagem com a informação.

## Transformers: O Coração da IA Moderna

O conceito de *transformer* revolucionou a inteligência artificial porque mudou a maneira como os modelos entendem o contexto.

Em vez de olhar apenas para uma sequência linear de palavras, os *transformers* são capazes de olhar para todas as palavras de uma frase ao mesmo tempo e determinar a importância relativa de cada uma delas. Isso é feito por meio de um mecanismo chamado atenção, que permite ao modelo focar em diferentes partes de um texto dependendo do que está sendo gerado a seguir.

Por exemplo, ao analisar a frase "O gato que estava no telhado miou para a lua cheia, o mecanismo de atenção permite que o modelo entenda que "gato" está mais diretamente relacionado a "miou" do que "telhado" ou "lua". Dessa forma, o *transformer* consegue compreender o contexto de maneira muito mais rica e precisa.

É como se, ao invés de percorrer a biblioteca palavra por palavra, ele conseguisse ver todos os livros abertos ao mesmo tempo e identificar quais palavras, frases e ideias são relevantes para cada ponto específico da narrativa. Esse tipo de aprendizado contextual é o que faz a IA generativa ser capaz de responder perguntas complexas de forma coerente e produzir textos que parecem até mesmo conscientes de seu próprio conteúdo.

## Contexto nos Negócios: Indo Além do Texto

O poder dos *transformers*, quando aplicado ao mundo dos negócios, se torna uma ferramenta de inovação incrível. Com a capacidade de entender e manter contexto, as IAs agora são capazes de fornecer muito mais do que respostas curtas e diretas. Elas podem gerar insights, apoiar a tomada de decisões e até se comportar como assistentes virtuais que antecipam necessidades.

Imagine que você seja um executivo buscando entender a dinâmica do seu setor de atuação. Uma IA gerada por um *transformer* pode não apenas fornecer informações sobre as Últimas tendências do mercado, mas também conectar essas informações ao contexto específico da sua empresa. Por exemplo, se uma nova regulamentação está surgindo, a IA pode alertar automaticamente sobre o impacto potencial, sugerir medidas de adaptação e até gerar relatórios de impacto com base em dados históricos da sua organização.

Vamos ilustrar isso com um exemplo hipotético: você quer lançar um novo produto no mercado, e a IA tem acesso ao seu histórico de vendas, a relatórios de tendências do setor e a feedbacks dos consumidores. A IA, usando um modelo *transformer*, poderia fazer o seguinte:

1.     **Gerar Insights Contextuais**: Analisando o histórico de vendas e os feedbacks dos clientes, a IA poderia sugerir características do novo produto que têm maior chance de sucesso. Por exemplo, identificar uma demanda crescente por produtos mais sustentáveis e sugerir uma estratégia alinhada com essa tendência.

2.     **Assistentes Virtuais e Agentes de Suporte**: Em vez de simplesmente responder a perguntas de clientes, a IA pode

oferecer um suporte proativo. Imagine um cliente em potencial que está navegando pelo site da sua empresa. Com base no comportamento dele no site, a IA pode prever suas intenções e oferecer sugestões de produtos antes que ele precise perguntar, criando uma experiência de compra mais envolvente e eficiente.

3. **Agentes para Exploração de Ideias**: A IA também pode ser um parceiro criativo, ajudando equipes de inovação a explorar novas ideias. Com acesso a grandes quantidades de dados sobre o mercado e um entendimento profundo do contexto, a IA pode sugerir novas áreas para expansão, identificar lacunas em produtos atuais e até contribuir com brainstorming para campanhas publicitárias ou novos produtos.

## Aplicações Práticas: Transformando Dados em Ação

A mágica dos *transformers* é sua habilidade de transformar grandes volumes de dados em respostas e ações práticas, mantendo uma linha de raciocínio que faz sentido dentro de um contexto complexo. No mundo dos negócios, isso se traduz em assistentes que não apenas respondem, mas colaboram. Eles podem ser treinados para lidar com operações financeiras, fornecer análises preditivas de riscos, ou até mesmo analisar um contrato jurídico, destacando pontos que possam representar problemas futuros.

Imagine uma consultoria jurídica utilizando uma IA para revisar contratos. Com transformers, a IA não apenas procura palavras-chave, mas analisa o contrato como um todo, compreendendo as implicações das cláusulas e alertando sobre potenciais riscos ou incompatibilidades. A capacidade de lidar com contexto detalhado permite que essas análises sejam muito mais precisas e confiáveis do que as abordagens anteriores.

No setor de saúde, por exemplo, os transformers podem ser usados para análise de prontuários médicos, correlacionando sintomas relatados, exames anteriores e diagnósticos passados para sugerir tratamentos que façam sentido para o paciente como um todo. Isso não apenas melhora a precisão dos diagnósticos, mas também fornece suporte valioso aos médicos, ajudando a otimizar tratamentos e melhorar a eficiência dos serviços de saú de.

## IA Generativa Como Parceiro de Inovação

Mais do que um assistente, a IA generativa, quando treinada e usada corretamente, se torna um verdadeiro parceiro de inovação. Ela tem a capacidade de aprender com a experiência e gerar novas ideias baseadas em tendências emergentes. Imagine uma IA que acompanha o mercado financeiro em tempo real e sugere investimentos ou mudanças estratégicas para a sua carteira com base não apenas em dados econômicos, mas também em contextos sociais, políticos e culturais — um verdadeiro "estrategista digital".

Este capítulo mostrou como os *transformers* são o motor por trás das capacidades contextuais da IA possibilitando a criação de assistentes inteligentes e agentes proativos que vão além da simples geração de texto. No próximo capítulo, vamos aprofundar em como empresas podem implementar essas tecnologias, as limitações atuais e o que o futuro reserva para a IA generativa no ambiente de trabalho e no cotidiano das pessoas.

# Capítulo 4: Engenharia de Prompts - A História de Um Empreendedor Visionário

Neste capítulo, vamos explorar a ideia de *engenharia de prompts*, uma prática que transforma o uso de uma inteligência artificial generativa em algo mais sofisticado e valioso. Para isso, contaremos a história de João, um empreendedor que decide entrar no mercado de produtos ecológicos — especificamente, um setor promissor de garrafas reutilizáveis. À medida que João começa a dar forma ao seu negócio, veremos como ele pode usar diferentes prompts para tomar decisões estratégicas inteligentes.

## O Começo de Uma Jornada

João sempre foi apaixonado por sustentabilidade e percebeu uma oportunidade crescente no mercado de produtos ecológicos. Depois de algumas pesquisas, ele decidiu que queria criar uma marca de garrafas reutilizáveis, com um design inovador que atraísse não apenas consumidores ambientalmente conscientes, mas também aqueles que valorizam estilo e praticidade.

João não tinha experiência prévia com IA generativa, mas ele ouviu falar que esses modelos poderiam ser poderosos aliados no desenvolvimento de novos negócios. Decidido a explorar essa ferramenta, João começou sua jornada aprendendo sobre como fazer prompts — instruções específicas que ajudam a IA a gerar respostas úteis.

Vamos seguir os passos de João e ver como ele usou prompts para dar vida à sua ideia.

## Começando com Storytelling: Definindo a Visão

Para iniciar o processo, João queria definir uma visão clara para seu negócio e, mais importante, criar uma história que conectasse o público ao produto. Ele sabia que a narrativa era uma ferramenta poderosa no marketing, então decidiu usar a IA para criar essa história. O primeiro prompt que João usou foi:

**Prompt 1:** **"Crie uma história envolvente sobre como um jovem empreendedor, apaixonado pela sustentabilidade, começou um negócio de garrafas reutilizáveis, explicando como esse produto pode mudar o mundo."**

A resposta gerada pela IA foi uma narrativa convincente sobre um jovem que, após ver o impacto do plástico nos oceanos durante uma viagem, decidiu criar uma solução que não fosse apenas funcional, mas também elegante. A história ressaltava o impacto positivo que a escolha de uma garrafa reutilizável poderia ter e conectava essa mensagem à jornada pessoal do empreendedor.

Com essa estória inicial, João começou a moldar a identidade de sua marca, destacando sua motivação pessoal e o impacto ambiental como pilares do negócio.

## Validando o Mercado: Explorando as Oportunidades

O próximo passo para João foi entender o mercado e verificar se havia demanda suficiente para seu produto. Ele precisava validar suas suposições sobre o público-alvo e explorar as oportunidades. Para isso, ele usou o seguinte prompt:

**Prompt 2: "Liste as principais tendências no mercado de produtos nutricionais e descreva quais segmentos de consumidores estão mais interessados em produtos como suplementos alimentares."**

Com esse prompt, a IA forneceu uma análise detalhada sobre as tendências em nutrição, como o crescimento da conscientização nutricional entre os mais jovens e a ascensão dos "consumidores fitness" que preferem marcas comprometidas com a saúde.

Além disso, a IA sugeriu que João focasse em segmentos como praticantes de atividades ao ar livre, estudantes universitários e profissionais que precisam de hidratação durante o dia.

## Desenvolvendo o Produto: Feedback e Iteração

Com a visão e o mercado validados, João precisava agora definir o design e as características de seu produto. Ele queria criar algo que fosse funcional e esteticamente atraente, então decidiu envolver a IA no processo criativo.

**Prompt 3: "Quais são as características mais importantes que consumidores de bebidas que funcionam como suplementos nutricionais procuram? Inclua aspectos como materiais, design e funcionalidades."**

A resposta incluiu uma lista de características desejadas, como:

- Materiais não tóxicos e ecológicos, como aço inoxidável ou vidro.
- Design ergonômico, fácil de transportar, com tampa à prova de vazamento.

- Funcionalidades adicionais, como isolamento térmico para manter bebidas frias ou quentes.

Com essas informações, João começou a esboçar o design de sua garrafa, garantindo que estava atendendo às expectativas de seu público-alvo.

## Criando a Proposta de Valor: Comunicando a Importância do Produto

Com um conceito de produto em mãos, João precisava comunicar sua proposta de valor de forma clara e atraente. Ele queria garantir que seus potenciais clientes entendessem não apenas as funcionalidades, mas também o impacto que suas escolhas poderiam ter no meio ambiente.

**Prompt 4:** **"Crie uma proposta de valor para uma bebida nutricional que destaque suas vantagens ambientais e a conexão com um estilo de vida moderno e sustentável."**

A IA gerou a seguinte proposta de valor: "Nossa bebida combina saúde com nutrição. Com design inovador, cada gole promove a recuperação do seu organismo e a suplementação ideal de nutrientes relevantes, promovendo um estilo de vida mais saudável. Hidrate-se com saúde e faça parte da mudança."

Com essa proposta de valor, João tinha agora uma mensagem clara e poderosa para compartilhar com seu público.

## Estratégia de Marketing: Alcançando o Público

O próximo passo foi pensar em como divulgar seu produto e alcançar seu público-alvo. João queria criar uma campanha de marketing que contasse a história de sua marca e engajasse seus consumidores, então usou um prompt voltado para estratégia:

**Prompt 5:** **"Crie ideias para uma campanha de marketing digital que conecte o público ao impacto ambiental positivo de usar bebidas nutricionais. Inclua sugestões de postagens para redes sociais."**

A IA sugeriu uma série de postagens, como:

- Fotos de praias limpas, com a legenda: "Cada nutriente faz diferença. Junte-se a nós para manter nossos corpos saudáveis."
- Vídeos mostrando o processo de fabricação, destacando o compromisso da marca com a saúde.

- Depoimentos de consumidores que adotaram a bebida como parte de suas rotinas, enfatizando como pequenas ações diárias podem gerar grandes mudanças.

Essas ideias ajudaram João a criar uma campanha que não apenas promovia o produto, mas também inspirava os consumidores a se tornarem agentes de mudança.

## Resumindo o Valor da Engenharia de Prompts

A jornada de João mostrou como a engenharia de prompts pode ser uma ferramenta poderosa para empreendedores. Desde a definição de uma visão clara e uma proposta de valor, até a validação do mercado e a criação de campanhas de marketing, os prompts ajudaram João a construir um negócio passo a passo, sempre utilizando a inteligência da IA para obter insights e direções valiosas.

Neste capítulo, vimos como, com os prompts certos, a IA pode ser uma parceira estratégica em todas as etapas do desenvolvimento de um negócio. No próximo capítulo, vamos explorar outros cen ários de uso para a engenharia de prompts, abordando como profissionais em diferentes áreas podem tirar proveito dessa ferramenta poderosa para otimizar suas rotinas e alcançar objetivos de forma mais eficiente.

[Título do livro], por [Nome do autor]

# Capítulo 5: Solucionando Problemas Empresariais com IA - Casos de Evolução

Neste capítulo, vamos explorar como empresários que já possuem negócios estabelecidos podem utilizar a IA generativa para superar desafios específicos e evoluir seus empreendimentos. Vamos contar a história de três empreendedores: Maria, dona de uma loja de bolos; Carlos, proprietário de uma loja de roupas; e Ana, uma chef de cozinha que gerencia seu próprio restaurante. Veremos como cada um deles usa a IA, por meio da engenharia de prompts, para resolver problemas concretos e fazer seus negócios crescerem.

## Caso 1: Maria e as Vendas da Loja de Bolos

Maria é uma confeiteira apaixonada por sua loja de bolos artesanais, mas, recentemente, suas vendas começaram a cair. Ela está preocupada, pois, mesmo com o bom feedback dos clientes, a demanda diminuiu. Maria decide usar a IA para entender melhor o que está acontecendo e encontrar estratégias para melhorar as vendas.

**Prompt 1:** "Liste possíveis razões para a queda nas vendas de bolos em uma loja artesanal, considerando fatores como sazonalidade, concorrência e comportamento do consumidor."

A IA gerou uma lista de razões possíveis:

- Sazonalidade: A demanda por bolos pode diminuir em certos períodos do ano.
- Concorrência: Novas lojas de bolos ou confeitarias na região podem estar atraindo os clientes.
- Preço: O valor dos bolos pode não estar competitivo, especialmente em comparação com concorrentes.
- Estratégia de Marketing: A visibilidade da loja pode estar diminuída nas redes sociais.

Com essa análise, Maria decidiu investigar cada uma dessas possibilidades. Para entender melhor os concorrentes, ela fez um novo prompt.

**Prompt 2:** "Quais estratégias de marketing posso usar para aumentar a visibilidade da minha loja de bolos nas redes sociais?"

A IA sugeriu estratégias como:

- Criação de conteúdo visual atrativo, mostrando o processo de confecção dos bolos.
- Promoções temáticas baseadas em datas comemorativas.
- Parcerias com influenciadores locais para aumentar a exposição.

Maria seguiu a sugestão e começou a postar mais fotos e vídeos curtos do preparo dos bolos, além de fazer promoções ligadas a eventos locais. Em pouco tempo, ela percebeu um aumento no engajamento e as vendas começaram a se recuperar.

## Caso 2: Carlos e a Exposição de Produtos na Loja de Roupas

Carlos é dono de uma loja de roupas há vários anos, mas recentemente percebeu que os clientes entram na loja e muitas vezes não compram nada. Ele acha que isso pode estar relacionado à forma como os produtos estão expostos e decide usar a IA para melhorar a experiência dos clientes em sua loja.

**Prompt 3:** "**Quais são as melhores práticas para organizar e expor roupas em uma loja física de modo a aumentar a taxa de conversão de visitantes em compradores?**"

A IA sugeriu:

- **Criação de Temas**: Organizar as roupas por temas, como "roupas de verão", "looks para escritório" ou "moda casual".

- **Zonas Quentes e Frias**: Colocar os produtos mais atraentes (novidades e promoções) em áreas de alta visibilidade, enquanto itens de menor interesse podem ficar em áreas menos centrais.

- **Displays Interativos**: Usar manequins com combinações de roupas para inspirar os clientes e mostrar possíveis looks.

Carlos decidiu reorganizar a loja seguindo as sugestões da IA. Ele criou seções temáticas, destacou as novidades em locais de alta visibilidade e usou manequins para mostrar combinações de roupas. Isso ajudou os clientes a visualizarem melhor os produtos e, como resultado, Carlos notou um aumento no número de vendas.

**Prompt 4:** "Como posso melhorar a experiência de compra dos clientes na loja usando tecnologia?"

A IA sugeriu:

- **Espelhos Interativos**: Espelhos que permitam aos clientes visualizar diferentes looks sem precisar experimentar todas as roupas.
- **Catálogo Digital**: Disponibilizar tablets na loja onde os clientes podem ver outros produtos disponíveis e solicitar tamanhos ou cores diferentes diretamente ao atendente.

Carlos decidiu implementar um catálogo digital, o que fez com que os clientes se sentissem mais à vontade para explorar todo o estoque, aumentando as vendas e a satisfação do cliente.

## Caso 3: Ana e a Revisão do Menu do Restaurante

Ana é uma chef talentosa, dona de um restaurante reconhecido por seus pratos sofisticados e ingredientes de alta qualidade. No entanto, devido ao aumento nos preços de alguns ingredientes essenciais, seus custos estão ficando muito altos, e ela precisa revisar o menu para manter a viabilidade financeira do restaurante.

**Prompt 5:** "**Sugira alternativas para ingredientes caros em um menu sofisticado, mantendo a qualidade dos pratos e otimizando os custos.**"

A IA forneceu sugestões para substituir ingredientes caros por alternativas de alta qualidade, por exemplo:

- Trocar filé de salmão por truta, que é uma opção mais econômica, mas ainda assim saborosa e sofisticada.
- Usar cogumelos locais em vez de variedades importadas para reduzir custos e agregar um toque regional ao prato.

Ana decidiu experimentar algumas dessas substituições e percebeu que poderia manter a qualidade de seus pratos sem sacrificar o sabor. Isso ajudou a manter os custos sob controle e os clientes satisfeitos.

**Prompt 6:** "**Crie uma narrativa sobre a reformulação do menu destacando os novos ingredientes locais e os benefícios para os clientes.**"

A IA ajudou Ana a criar uma história que destacava o uso de ingredientes locais, frescos e sustentáveis. A narrativa enfatizava que a mudança era um compromisso com a qualidade, o frescor e o apoio a produtores locais, algo que os clientes adoraram. Ana usou essa narrativa em suas redes sociais e no próprio cardápio, o que gerou uma recepção positiva e atraiu novos clientes.

## Conclusão

Neste capítulo, vimos como empresários com negócios estabelecidos podem utilizar a engenharia de prompts para enfrentar desafios e evoluir seus empreendimentos. Seja através de estratégias de marketing, organização de loja ou revisão de cardápios, a IA pode ser uma parceira estratégica, oferecendo insights valiosos e soluções práticas.

No próximo capítulo, exploraremos outros cenários e mostraremos como a engenharia de prompts pode ser aplicada em setores como educação, saúde e administração pública, ampliando ainda mais as possibilidades e o impacto dessa poderosa ferramenta.

# Capítulo 6: Prompts na Educação, Saúde e Administração Pública - Aplicações Práticas

Neste capítulo, vamos explorar como a engenharia de prompts pode transformar setores essenciais da sociedade: educação, saúde e administração pública. Veremos como um professor pode melhorar a criação de suas aulas, como um médico pode obter insights diagnósticos, e como um prefeito pode navegar na complexidade política para aprovar projetos importantes.

## Caso 1: O Professor e a Confecção da Aula

Pedro é um professor de história do ensino médio, sempre motivado a tornar suas aulas mais dinâmicas e envolventes. No entanto, ele está em dúvida sobre como abordar um tema complexo: a Revolução Francesa, de uma forma que mantenha seus alunos engajados e faça sentido para suas realidades. Ele decide recorrer à IA para criar uma aula que seja relevante e interessante.

**Prompt 1: "Crie um plano de aula de história sobre a Revolução Francesa, focando em atividades interativas que engajem alunos do ensino médio e conectem o conteúdo à atualidade."**

A resposta gerada pela IA incluiu:

• **Introdução Interativa**: Iniciar a aula com uma discussão sobre desigualdade e justiça social, perguntando aos alunos quais são as maiores injustiças que eles veem hoje. A ideia é conectar os sentimentos de insatisfação e mudança social à Revolução Francesa.

• **Divisão em Grupos**: Dividir os alunos em grupos, onde cada um representaria um grupo social da época (nobreza, clero, burguesia e camponeses) e discutiria seus interesses e pontos de vista, culminando em um debate sobre como resolver as desigualdades.

• **Conclusão Atualizada**: Relacionar os ideais da Revolução Francesa com os direitos humanos modernos e discutir movimentos sociais atuais, ajudando os alunos a entender o impacto histórico da revolução na sociedade contemporânea.

Pedro utilizou essa estrutura e percebeu que os alunos ficaram muito mais engajados, participando ativamente da discussão e conectando o aprendizado histórico ao mundo real.

## Caso 2: O Médico e o Diagnóstico Desafiador

Doutor Ricardo é um clínico geral que recebeu um paciente com sintomas que parecem indicar uma condição rara. Embora tenha experiência, ele sente que precisa de mais informações para ter confiança no diagnóstico e, potencialmente, não descartar nada importante. Ele decide usar a IA como uma ferramenta de apoio.

**Prompt 2: "Liste as possíveis causas para um paciente com sintomas de febre recorrente, fadiga e dores articulares, considerando tanto causas comuns quanto doenças raras que possam se encaixar nesse quadro."**

A IA gerou uma lista de possibilidades, incluindo condições comuns como infecções virais e doenças autoimunes, além de causas menos frequentes, como febre reumática e condições raras como doença de Still do adulto. Ricardo percebeu que algumas dessas condições não haviam sido consideradas inicialmente e decidiu investigar com mais detalhes.

**Prompt 3: "Quais exames laboratoriais e de imagem são mais recomendados para diferenciar entre essas causas de febre recorrente, fadiga e dores articulares?"**

A IA sugeriu um painel de exames que incluía marcadores inflamatórios, testes de função hepática e autoanticorpos, além de possíveis exames de imagem, como ultrassonografia articular. Com essa orientação, Ricardo conseguiu solicitar os exames necessários e chegou a um diagnóstico mais preciso.

Este uso da IA mostrou-se valioso, não como um substituta da experiência do médico, mas como um complemento que ajudou Ricardo a garantir que não deixou nenhuma possibilidade relevante de lado.

## Caso 3: O Prefeito e a Câmara Municipal em Caos

Ana é prefeita de uma cidade de médio porte e está enfrentando um cenário político desafiador. A câmara municipal está caótica, com divisões profundas entre os vereadores, e ela precisa aprovar projetos importantes para melhorar a infraestrutura da cidade. Ana decide usar a IA para ajudá-la a encontrar estratégias para lidar com a situação política e aprovar seus projetos.

**Prompt 4: "Sugira estratégias para um prefeito que precisa aprovar projetos importantes em uma câmara municipal dividida, considerando técnicas de negociação e construção de alianças."**

A IA sugeriu as seguintes estratégias:

• **Identificar Interesses Comuns:** Mapear os interesses de cada vereador e encontrar pontos em que os objetivos deles coincidam com os do projeto. Dessa forma, Ana poderia mostrar como os projetos beneficiariam todos.

• **Propostas Fragmentadas:** Dividir os projetos em partes menores e tentar aprovar primeiro as que têm mais consenso, construindo confiança progressiva.

• **Negociação Transparente:** Propor reuniões informais, sem a pressão do ambiente de votação, para explicar os benefícios dos projetos, ouvir as preocupações dos vereadores e criar um espaço para diálogo mais construtivo.

Com essas sugestões, Ana decidiu organizar uma série de reuniões informais com os vereadores. Ela descobriu que muitos tinham receios específicos que não estavam sendo bem comunicados em público. Essas reuniões permitiram que ela ajustasse algumas partes dos projetos e, eventualmente, obtivesse o apoio necessá rio para aprová-los.

**Prompt 5: "Crie um plano de comunicação para a população que explique a importância dos projetos de infraestrutura que precisam ser aprovados, destacando os benefícios para a comunidade."**

A IA ajudou Ana a criar um plano de comunicação que incluía:

• **Campanha nas Redes Sociais**: Vídeos curtos com depoimentos de moradores sobre os problemas que as obras ajudariam a resolver, mostrando como a aprovação desses projetos melhoraria a qualidade de vida de todos.
• **Eventos Comunitários**: Realização de eventos presenciais onde a população poderia tirar dúvidas diretamente com especialistas e vereadores, criando um espaço de interação direta.

Essa estratégia de comunicação gerou um apoio popular significativo, o que, por sua vez, ajudou a pressionar os vereadores a votarem a favor dos projetos.

Neste capítulo, vimos como a engenharia de prompts pode ser usada em diferentes setores essenciais — educação, saúde e administração pública — para ajudar profissionais a superar desafios complexos. Professores, médicos e prefeitos enfrentam questões que vão além de sua expertise imediata, e a IA se mostra uma ferramenta poderosa para fornecer suporte, insights e estrat égias que permitem evoluir e obter melhores resultados.

No próximo capítulo, vamos explorar como a IA pode ser usada em indústrias criativas, desde a criação de música e arte até roteiros e campanhas publicitárias, mostrando como a criatividade humana e a capacidade da IA se complementam de forma surpreendente.

# Capítulo 7: Criatividade Amplificada - IA como Parceira de Compositores, Publicitários e Roteiristas

Neste capítulo, exploraremos como a inteligência artificial se torna uma poderosa aliada na criação artística e no desenvolvimento criativo, colaborando com compositores, publicitários e roteiristas. A criatividade humana, com sua capacidade única de encontrar significados e emoções, encontra na IA um parceiro capaz de acelerar o processo e trazer novas perspectivas. Vamos analisar alguns casos práticos em que a IA, por meio da engenharia de prompts, contribui para a inovação em indústrias criativas.

## Caso 1: A Composição Musical com IA

Lucas é um compositor independente que busca inspiração para criar uma nova peça instrumental. Ele quer algo que misture elementos clássicos e eletrônicos, mas está com dificuldade em encontrar uma base melódica que dê o tom certo. Lucas decide utilizar a IA para obter ideias que ele possa desenvolver.

**Prompt 1: "Crie uma progressão de acordes que combine elementos de música clássica e eletrônica, com um clima melancólico, ideal para uma composição instrumental."**

A IA sugere uma progressão de acordes em Lá menor, com transições que lembram a estrutura clássica, mas introduz elementos harmônicos contemporâneos que podem ser traduzidos em sintetizadores. A progressão sugerida é:

- A menor - Fá maior - Dó maior - Mi menor
- Introdução de variações de ritmo para criar contraste entre as partes mais suaves e os elementos eletrônicos.

Lucas se inspirou nessa progressão, utilizando a estrutura básica para desenvolver sua composição. Ele criou camadas com piano, cordas, e sintetizadores que trouxeram o equilíbrio entre o clássico e o eletrônico. A IA não compôs a música por completo, mas forneceu uma base que Lucas utilizou como ponto de partida, acelerando o processo criativo e dando novas ideias.

**Prompt 2: "Sugira uma melodia para um sintetizador que complemente a progressão de acordes acima, com uma sensação de nostalgia."**

A IA gerou uma melodia simples, que Lucas adaptou e desenvolveu, adicionando sua assinatura artística e explorando a interação entre a harmonia e a melodia. Com isso, ele conseguiu finalizar sua peça instrumental, e a IA se mostrou uma ferramenta valiosa para romper barreiras criativas iniciais.

## Caso 2: Campanhas Publicitárias com Impacto

Marina é uma publicitária que precisa criar uma campanha para um novo produto de skincare focado no público jovem, que valoriza o cuidado com a pele e a sustentabilidade. Ela decide usar a IA para explorar diferentes ideias criativas que possam se conectar com esse público.

**Prompt 3: "Sugira ideias para uma campanha publicitária de um produto de skincare sustentável, focada em jovens que se preocupam com o meio ambiente. A campanha deve ter um tom descontraído e autêntico."**

A IA sugere:

- **Slogan**: "Cuidado com a sua pele, cuidado com o planeta."
- **Vídeo Promocional**: Um vídeo curto mostrando jovens em ambientes naturais (parques, trilhas, praia), com mensagens simples sobre a importância de cuidar da pele e do meio ambiente ao mesmo tempo. A narração é feita por uma voz jovem e descontraída.
- **Challenge nas Redes Sociais**: Criar um desafio onde os participantes mostram seus rituais de skincare ao ar livre, conectando a ideia de autocuidado com a natureza.

Marina gostou da ideia do challenge e do slogan. Ela decidiu trabalhar em cima dessas sugestões, ajustando a campanha de acordo com a linguagem da marca. A IA não substituiu o processo criativo dela, mas serviu como um ponto de partida para explorar direções diferentes e relevantes ao público.

**Prompt 4: "Crie um roteiro de um anúncio de 30 segundos para redes sociais, destacando o impacto positivo do produto para a pele e para o meio ambiente."**

A IA sugeriu um roteiro em que o vídeo começa com um jovem aplicando o produto em um ambiente natural, seguido de imagens que mostram a redução de plásticos e o uso de ingredientes naturais. A narração enfatiza que, ao cuidar da pele, os consumidores estão também cuidando do planeta. Marina usou esse roteiro como base para desenvolver o anúncio final, mantendo o foco na conexão entre autocuidado e sustentabilidade.

## Caso 3: Escrita de Roteiros com IA

Roberto é um roteirista que está trabalhando em uma nova série para streaming. Ele precisa criar um episódio piloto que envolva drama e comédia, explorando as relações entre os personagens principais em uma cidade pequena. Roberto está tendo dificuldade em desenvolver o diálogo inicial entre os protagonistas, então decide usar a IA para obter algumas ideias.

**Prompt 5: "Crie um diálogo inicial para um episódio piloto de uma série de drama/comédia, onde dois amigos de infância se reencontram em uma pequena cidade após muitos anos sem se ver."**

A IA cria um diálogo que começa com um encontro casual no supermercado local, onde os dois amigos, João e Miguel, se esbarram. O diálogo é leve, carregado de humor nostálgico, onde eles começam a relembrar acontecimentos embaraçosos da infância enquanto tentam esconder a surpresa de estarem de volta à cidade.

Roberto gostou do tom do diálogo e decidiu utilizá-lo como ponto de partida. Ele expandiu a conversa, acrescentando camadas emocionais que exploravam os motivos do reencontro, adicionando tensões não resolvidas do passado. A IA ajudou Roberto a superar o bloqueio inicial, fornecendo uma base que ele adaptou para suas próprias necessidades.

**Prompt 6: "Sugira um conflito secundário que possa ser desenvolvido ao longo da primeira temporada da série, envolvendo a dinâmica da pequena cidade e seus moradores."**

A IA sugeriu a ideia de um conflito envolvendo a chegada de uma grande corporação que pretende comprar terras na cidade para construir um resort, dividindo os moradores entre aqueles que querem vender para ganhar dinheiro e aqueles que querem preservar o ambiente e a identidade local.

Roberto achou a ideia interessante e decidiu integrá-la à narrativa, criando uma camada de drama que adiciona contexto ao reencontro dos amigos e ao relacionamento deles com a comunidade local.

Neste capítulo, exploramos como a IA pode ser uma parceira no processo criativo, ajudando compositores, publicitários e roteiristas a desenvolverem suas ideias de maneira mais rápida e eficaz. Em cada exemplo, a IA forneceu sugestões iniciais, elementos estruturais e direções criativas que, quando combinadas com a criatividade humana, resultaram em produtos finais originais e impactantes.

A IA não substitui o talento criativo, mas serve como uma extensão poderosa, capaz de acelerar o processo, desbloquear novas ideias e fornecer diferentes perspectivas. No próximo capí tulo, vamos explorar como a IA pode ser usada para melhorar a produtividade pessoal e profissional, desde organização de tarefas até o planejamento estratégico de carreiras e desenvolvimento pessoal.

# Capítulo 8: Produtividade Pessoal e Desenvolvimento Profissional - IA como Ferramenta Estratégica

Neste capítulo, vamos ver como a inteligência artificial pode ser uma poderosa aliada para quem busca melhorar a produtividade, planejar a carreira de maneira estratégica e desenvolver habilidades pessoais e profissionais. Exploraremos como a engenharia de prompts pode ajudar desde a organização de tarefas diárias até o planejamento de longo prazo, transformando a forma como nos organizamos e desenvolvemos nossas carreiras.

## Organização de Tarefas: Um Assistente Virtual Eficaz

Julia é uma profissional autônoma que trabalha com múltiplos projetos simultaneamente. Ela sempre teve dificuldade em organizar suas tarefas de maneira eficiente, frequentemente se sentindo sobrecarregada e perdendo prazos importantes. Julia decide usar a IA para criar um plano de organização que a ajude a ser mais produtiva.

**Prompt 1: "Crie um sistema diário de organização de tarefas para uma profissional autônoma que trabalha com projetos diversos, garantindo a priorização das atividades mais importantes."**

A IA sugere o seguinte sistema de organização:

- **Manhã - Planejamento Diário**: Iniciar cada manhã com uma sessão de 15 minutos de planejamento, revisando todas as tarefas previstas para o dia. Priorizar as três principais tarefas que devem ser concluídas.
- **Divisão de Tempo por Blocos**: Organizar o dia em blocos de tempo dedicados a cada projeto, com intervalos para descanso entre os blocos. Aplicar a técnica Pomodoro (25 minutos de trabalho focado com 5 minutos de descanso).
- **Reflexão Noturna**: Reservar 10 minutos ao final do dia para revisar o que foi feito e planejar o dia seguinte, anotando pendências e estabelecendo metas realistas.

Julia começou a seguir esse sistema e percebeu que sua produtividade aumentou significativamente. A divisão do dia em blocos de tempo, juntamente com a priorização matinal das atividades, a ajudou a evitar a sensação de sobrecarga e garantiu que os prazos fossem cumpridos.

**Prompt 2: "Sugira uma ferramenta digital que possa ajudar a manter o controle dessas tarefas e sincronizar as atividades entre dispositivos."**

A IA recomendou ferramentas como Trello ou Todoist, que permitem criar listas de tarefas com prazos e categorias, além de facilitar o acompanhamento de múltiplos projetos. Julia decidiu usar o Todoist e integrou as tarefas diárias ao aplicativo, facilitando o controle de todas as atividades a partir do celular e do computador.

## Planejamento Estratégico de Carreira: Definindo Metas e Objetivos

Carlos trabalha como analista financeiro e sente que está estagnado em sua posição. Ele quer progredir na carreira, mas não sabe quais habilidades desenvolver ou como se destacar no mercado. Ele decide usar a IA para obter uma visão mais clara do que fazer a seguir.

**Prompt 3: "Crie um plano de desenvolvimento de carreira para um analista financeiro que deseja se tornar gerente financeiro nos próximos três anos. Inclua habilidades a serem desenvolvidas e estratégias para ganhar visibilidade na empresa."**

A IA sugeriu um plano de três etapas:

1. **Desenvolvimento de Habilidades Técnicas**: Carlos deveria melhorar seu conhecimento sobre modelagem financeira avançada e aprender ferramentas de análise de dados, como Power BI e SQL, para se diferenciar na análise de grandes volumes de dados financeiros.
2. **Soft Skills**: Focar no desenvolvimento de habilidades de liderança e comunicação. Participar de cursos online sobre gestão de equipes e buscar oportunidades de se

envolver em projetos interdepartamentais para demonstrar suas habilidades de liderança.

3.     **Estratégias de Visibilidade**: Procurar um mentor dentro da empresa, alguém com mais experiência que possa ajud á-lo a entender o que é necessário para alcançar um cargo de gestão. Além disso, Carlos deveria assumir mais responsabilidades, buscando projetos estratégicos que lhe permitam interagir com a diretoria e mostrar seu valor.

Carlos começou a seguir esse plano, começando com o desenvolvimento das habilidades técnicas e, em paralelo, buscando oportunidades para se conectar com lideranças da empresa. O plano proporcionado pela IA ajudou Carlos a ter clareza sobre as etapas necessárias para crescer e se destacar.

**Prompt 4: "Liste cursos ou certificações que seriam úteis para um analista financeiro que deseja ser promovido a gerente financeiro."**

A IA recomendou certificações como CFA (Chartered Financial Analyst) e cursos de gestão financeira oferecidos por plataformas como Coursera ou edX. Carlos começou um curso de análise financeira avançada e, em paralelo, iniciou os estudos para a certificação CFA, dando um grande passo em sua evolução profissional.

## Desenvolvimento Pessoal: Melhorando a Qualidade de Vida

Ana é uma gerente de marketing que, apesar de ser bem-sucedida em sua carreira, sente que precisa de um equilíbrio melhor entre sua vida profissional e pessoal. Ela quer criar um plano para reduzir o estresse, melhorar sua saúde e ainda se desenvolver como profissional. Ana decide usar a IA para ajudá-la a criar uma estratégia para alcançar esses objetivos.

**Prompt 5: "Crie um plano semanal que ajude uma profissional a equilibrar trabalho, saúde física, e desenvolvimento pessoal, garantindo tempo para cada área de forma harmoniosa."**

A IA gerou um plano semanal que incluía:

- **Segunda a Sexta-feira:**
- **Manhã**: 30 minutos de exercício físico, como corrida ou yoga, antes do trabalho.
- **Trabalho**: Foco nas atividades profissionais durante o horário de expediente, com intervalos curtos de 5 minutos a cada 90 minutos para relaxamento.
- **Noite**: Reservar pelo menos 30 minutos para atividades pessoais, como leitura ou meditação, e uma hora para desconectar dos dispositivos eletrônicos antes de dormir.
- **Sábado:**
- Manhã dedicada ao desenvolvimento pessoal — cursos online, leitura, ou aprender uma nova habilidade.
- Tarde livre para atividades de lazer, como passar tempo com a família ou amigos.

- **Domingo**:
- Planejamento da semana, definindo metas pessoais e profissionais, garantindo que haja equilíbrio entre as atividades.

Ana seguiu esse plano e percebeu uma melhora significativa em sua qualidade de vida. O equilíbrio entre exercício físico, desenvolvimento pessoal e planejamento semanal ajudou-a a reduzir o estresse e a melhorar sua produtividade e disposição no trabalho.

**Prompt 6: "Sugira técnicas de relaxamento e bem-estar que possam ser aplicadas no dia a dia para reduzir o estresse e melhorar a concentração."**

A IA sugeriu técnicas como:

- **Meditação Guiada**: Reservar 10 minutos do dia para meditação guiada, utilizando aplicativos como Headspace ou Calm.
- **Respiração Profunda**: Usar técnicas de respiração profunda durante momentos de estresse, focando na inspiração profunda e na expiração lenta por alguns minutos.
- **Exercícios de Atenção Plena (Mindfulness)**: Praticar mindfulness durante as tarefas cotidianas, como almoçar ou caminhar, focando nos detalhes e deixando de lado as preocupações.

Ana incorporou a meditação e os exercícios de atenção plena em sua rotina, e isso a ajudou a lidar melhor com o estresse do trabalho, além de melhorar sua concentração e clareza mental.

Neste capítulo, entendemos como a IA pode ser uma aliada na organização pessoal e no planejamento estratégico de carreiras, ajudando tanto a organizar tarefas diárias quanto a definir metas de longo prazo. Através de prompts bem estruturados, profissionais podem melhorar suas rotinas, ganhar clareza sobre o próximo passo na carreira, e até encontrar o equilíbrio necessário para uma vida mais plena e satisfatória.

No próximo capítulo, vamos explorar as implicações éticas do uso da IA e como ela pode ser utilizada de forma responsável, abordando tanto as oportunidades quanto os riscos envolvidos no seu uso crescente na sociedade.

# Capítulo 9: Responsabilidade Ética - Um Caso Legal e os Dilemas da Inteligência Artificial

Neste capítulo, vamos abordar a questão da responsabilidade é tica no uso da inteligência artificial, usando o exemplo de um advogado, Roberto, que enfrenta um dilema sobre certos procedimentos legais. Veremos como a IA pode ajudar a identificar conflitos éticos que, à primeira vista, podem passar despercebidos, reforçando a importância da responsabilidade no uso dessas ferramentas.

## O Caso de Roberto

Roberto é um advogado que está representando um cliente em um caso complexo de direito imobiliário. Seu cliente, uma grande empresa do setor de construção civil, quer adquirir terrenos em uma área da cidade que atualmente abriga uma comunidade carente. A empresa afirma que oferecerá uma compensação justa aos moradores, mas Roberto está preocupado com as possíveis implicações sociais e éticas dessa transação.

Roberto decide recorrer à IA para obter mais informações e explorar os riscos legais e éticos envolvidos. Ele deseja garantir que seus aconselhamentos ao cliente sejam não apenas legais, mas também moralmente aceitáveis. Vamos ver como ele usa a IA para esclarecer suas dúvidas e enfrentar os dilemas éticos do caso.

**Prompt 1: "Liste os principais riscos legais e éticos ao representar uma empresa que pretende adquirir terrenos em uma área habitada por uma comunidade carente. Considere aspectos sociais e o impacto sobre os moradores locais."**

A resposta da IA destacou os seguintes pontos:

• **Risco de Gentrificação e Despejo Involuntário**: A compra dos terrenos pode resultar em despejo forçado dos moradores, que, mesmo recebendo compensação financeira, podem não encontrar moradia acessível nas proximidades. Isso pode resultar em gentrificação, prejudicando a comunidade vulnerável.

• **Implicações de Compensação Injusta**: Mesmo que uma compensação seja oferecida, pode ser que ela não cubra de forma adequada as necessidades dos moradores, especialmente se forem levados em conta os custos emocionais e sociais de serem forçados a deixar suas casas.

• **Impacto na Imagem da Empresa**: Existe o risco de dano à imagem da empresa, que pode ser vista como exploradora por desalojar uma comunidade. Essa questão, embora não seja legal por si só, tem implicações éticas significativas.

• **Responsabilidade com o Bem-Estar dos Moradores**: A empresa e seus representantes podem ser considerados moralmente responsáveis por garantir que os moradores sejam realocados de maneira justa e digna, levando em consideração não apenas os aspectos financeiros, mas também o bem-estar psicológico e social das pessoas envolvidas.

Esses pontos fizeram Roberto perceber que, embora a transação pudesse ser legal, havia um grande risco de injustiça para com os moradores locais. Ele precisava considerar como agir para minimizar os impactos negativos, tanto para a comunidade quanto para a imagem da empresa.

## Explorando Alternativas Éticas

Diante dos riscos levantados pela IA, Roberto decidiu explorar opções que pudessem minimizar os impactos negativos sobre a comunidade. Ele elaborou um novo prompt para obter sugestões práticas.

**Prompt 2: "Quais são as possíveis alternativas que a empresa pode adotar para minimizar os impactos negativos na comunidade ao adquirir os terrenos? Inclua alternativas que ajudem a manter a dignidade dos moradores e evitem o desalojamento forçado."**

A IA sugeriu várias alternativas:

• **Programa de Realocação Assistida**: A empresa poderia criar um programa de realocação que garantisse não apenas uma compensação financeira justa, mas também assistência na busca de novas moradias para os moradores, em locais que atendessem às suas necessidades.

- **Construção de Habitações de Interesse Social**: Uma alternativa seria construir um novo conjunto habitacional na mesma região, com condições de moradia adequadas para os residentes afetados, de forma que eles não perdessem sua rede de apoio comunitária.

- **Consultas e Negociações Coletivas**: Organizar reuniões com a comunidade para ouvir suas preocupações e sugestões, permitindo uma negociação que beneficiasse ambas as partes. Assim, os moradores poderiam participar das decisões, em vez de serem meros espectadores do processo.

Essas sugestões ajudaram Roberto a aconselhar seu cliente sobre uma abordagem mais ética, que não apenas cumprisse os requisitos legais, mas também preservasse a dignidade dos moradores. Ele propôs à empresa que investisse em uma solução de realocação assistida, garantindo que os moradores pudessem permanecer na região e que suas necessidades fossem atendidas.

## Reflexão Sobre a Responsabilidade Ética

O uso da IA por Roberto neste caso trouxe à tona aspectos éticos que poderiam ter sido ignorados se ele se focasse apenas na letra da lei. A IA não só ajudou a identificar riscos legais, mas também questões sociais e morais que são fundamentais para garantir que os direitos humanos sejam respeitados e que as ações da empresa sejam benéficas para a sociedade como um todo.

**Prompt 3: "Como um advogado pode usar a inteligência artificial de maneira ética para garantir que o aconselhamento legal também seja justo e socialmente responsável?"**

A resposta da IA enfatizou que o papel do advogado não é apenas seguir a legislação vigente, mas também garantir que as ações de seus clientes estejam alinhadas com princípios éticos fundamentais. A IA sugeriu:

• **Identificar e Pontuar Conflitos Éticos**: Utilizar a IA para identificar conflitos de interesse e pontos de risco que envolvam injustiças, mesmo que não estejam explícitos na legislação.

• **Transparência com o Cliente**: Informar o cliente sobre as possíveis implicações sociais e éticas de suas ações, de maneira clara e direta, para que ele possa tomar uma decisão mais informada.

• **Uso Responsável da IA**: Garantir que a IA seja usada como uma ferramenta de apoio, e não como uma fonte de autoridade definitiva. A responsabilidade final pelas decisões é sempre do advogado.

A IA não deve substituir o julgamento humano, mas servir como uma aliada para trazer à tona perspectivas e riscos que, às vezes, passam despercebidos. No caso de Roberto, ela foi essencial para reforçar a importância de levar em consideração não apenas o que era legalmente permissível, mas também o que era moralmente aceitável.

Este capítulo destacou como a IA pode desempenhar um papel fundamental na identificação de dilemas éticos que muitas vezes são ignorados ou subestimados. No campo legal, onde decisões podem impactar profundamente a vida de muitas pessoas, é crucial que os profissionais se apoiem não apenas no conhecimento jurídico, mas também em princípios de responsabilidade social e ética.

A IA, ao oferecer uma visão ampliada dos possíveis impactos de uma ação, permite que advogados, médicos, administradores e outros profissionais tomem decisões mais completas e informadas. Assim, podemos caminhar em direção a um uso da inteligência artificial que não só impulsiona negócios e otimiza processos, mas também contribui para uma sociedade mais justa e responsável.

No próximo capítulo, vamos explorar como a IA pode ser utilizada para potencializar o aprendizado de máquinas de maneira mais eficiente, abordando conceitos como o autoaprendizado.

# Capítulo 10: Autoaprendizado e Autoeducação com IA - Um Parceiro na Jornada Acadêmica

Neste capítulo, vamos explorar o uso da inteligência artificial como ferramenta para autoaprendizado e autoeducação, tomando como exemplo João, um aluno universitário do curso de administração. João está escrevendo um trabalho sobre "Gestão Industrial Baseada em Robótica" e quer utilizar a IA como apoio para a escrita, mas de uma forma que mantenha seu estilo pessoal e evite um resultado robotizado. Para isso, ele decide fornecer trechos de seus trabalhos anteriores à IA, garantindo que o conte údo gerado esteja alinhado à sua voz acadêmica.

## O Objetivo do Trabalho

João está realizando um trabalho sobre as implicações da robótica na gestão industrial, focando nos benefícios, desafios e no papel dos gestores em um ambiente cada vez mais automatizado. Ele já escreveu uma introdução sólida, mas sente dificuldade em elaborar o corpo do texto de maneira coerente e rica em detalhes. Além disso, ele quer garantir que o estilo do trabalho permaneça consistente com o que ele já entregou em outras disciplinas.

**Prompt 1: "Aqui está um trecho de um trabalho anterior que fiz sobre gestão de operações. Gostaria que você usasse este estilo para me ajudar a elaborar uma seção sobre os benefícios**

**da gestão industrial baseada em robótica, mantendo um tom analítico e crítico."**

João forneceu o trecho de um trabalho anterior, no qual ele abordava aspectos de gestão com uma linguagem clara e analítica. A IA analisou esse trecho e utilizou o mesmo tom para sugerir o seguinte conteúdo:

## Benefícios da Gestão Industrial Baseada em Robó tica:

"A integração da robótica na gestão industrial traz consigo uma s érie de benefícios significativos, que vão desde a melhoria da efici ência operacional até a minimização de erros humanos. Um dos principais aspectos positivos é a capacidade de garantir uma produção mais consistente e de maior qualidade. A robótica permite a realização de tarefas repetitivas com precisão milimé trica, algo que, quando realizado manualmente, está sujeito a variabilidade.

Além disso, a automação robótica possibilita uma melhor utilização dos recursos, otimizando o tempo e reduzindo custos operacionais. Ao eliminar etapas redundantes, a indústria pode se concentrar em processos críticos que demandam maior criatividade e intervenção humana. Contudo, é essencial que o papel do gestor seja redefinido nesse contexto, uma vez que a interação entre humanos e robôs exige novas competências, tanto técnicas quanto comportamentais."

# Ajustando o Conteúdo com Prompts Mais Detalhados

João percebeu que o conteúdo estava alinhado ao seu estilo, mas queria adicionar exemplos reais de indústrias que já utilizam a rob ótica em suas operações. Para isso, ele elaborou um novo prompt detalhado.

**Prompt 2: "Forneça exemplos de indústrias que utilizam a rob ótica em seus processos de produção, detalhando como essas empresas conseguiram melhorar a gestão industrial e quais desafios enfrentaram. Mantenha o estilo analítico e crítico dos meus trabalhos anteriores."**

A IA gerou exemplos de empresas, como a Toyota, conhecida por sua fábrica altamente automatizada, e a Tesla, que utiliza robôs para otimizar sua linha de montagem de veículos elétricos. O texto destacou:

• **Toyota:** "A Toyota é um exemplo claro de como a robótica pode transformar a gestão industrial. Com a filosofia do 'lean manufacturing' aliada à automação, a empresa conseguiu alcançar altos níveis de eficiência. No entanto, um dos desafios enfrentados foi garantir a flexibilidade da linha de produção diante de mudanças de demanda, o que exigiu adaptações constantes dos sistemas automatizados e o treinamento contínuo de operadores humanos."

• **Tesla:** "Na Tesla, a utilização de robôs industriais em sua linha de montagem ajudou a acelerar o processo de produção, garantindo maior escalabilidade. Entretanto, a depend ência excessiva de robôs em momentos de alto volume de produção expôs a empresa a problemas de falhas técnicas, mostrando que, embora a automação seja uma vantagem, ela também exige uma gestão cuidadosa para evitar paradas não planejadas."

Esses exemplos ajudaram João a enriquecer seu trabalho, trazendo um aspecto prático e realista, que complementava a teoria que ele já havia escrito.

## Apoio na Escrita e Manutenção do Estilo

João também queria garantir que o texto fluísse bem entre as seções. Para isso, ele usou um prompt para obter ajuda na transição entre os tópicos.

**Prompt 3: "Ajude a criar uma transição suave entre a seção de benefícios da robótica e a seção de desafios, mantendo um tom crítico e uma análise equilibrada."**

A IA gerou a seguinte transição:

"Embora os benefícios da robótica na gestão industrial sejam indiscutíveis, é importante reconhecer os desafios inerentes à implementação dessa tecnologia. A transição para uma indústria altamente automatizada não é isenta de obstáculos, e os gestores precisam estar preparados para enfrentar questões que vão além do simples uso de robôs na linha de produção."

João ficou satisfeito com a transição, pois ela estabelecia claramente a ligação entre os pontos positivos e as dificuldades, mantendo o tom analítico e coerente com o restante do trabalho.

**Prompt 4: "Liste alguns dos desafios que surgem na gestão de uma indústria automatizada com robótica, focando em aspectos humanos e tecnológicos."**

A IA sugeriu os seguintes desafios:

- **Resistência à Mudança**: A implementação de robôs geralmente enfrenta resistência dos trabalhadores, que temem a perda de empregos. O papel do gestor é comunicar claramente os benefícios e oferecer treinamento para novas funções, minimizando a resistência.
- **Integração Tecnológica**: Um dos principais desafios é a integração dos robôs com os sistemas de produção existentes, o que muitas vezes exige atualizações significativas em infraestrutura tecnológica.
- **Dependência Tecnológica**: A alta dependência de tecnologia pode se tornar uma vulnerabilidade, especialmente em casos de falhas sistêmicas, que podem paralisar toda a produção até que o problema seja resolvido.

Esses pontos ajudaram João a estruturar a seção sobre desafios de forma abrangente, cobrindo tanto aspectos humanos quanto té cnicos.

## A Importância da Personalização na Educação com IA

A experiência de João demonstra como a IA pode ser uma ferramenta poderosa para autoaprendizado e apoio acadêmico, especialmente quando utilizada de forma personalizada. Ao fornecer exemplos de trabalhos anteriores e construir prompts detalhados, João garantiu que a IA o ajudasse a escrever um trabalho que estivesse alinhado ao seu próprio estilo e aos requisitos acadêmicos.

Este capítulo mostrou como a IA pode ajudar estudantes a melhorar a qualidade de seus trabalhos, fornecendo apoio na escrita e na elaboração de ideias, mas sempre com o cuidado de manter o caráter original e o toque pessoal do autor. A personalização é a chave para evitar que o resultado se torne impessoal ou robotizado, garantindo que a IA seja uma parceira no processo de aprendizado, e não uma substituta.

No próximo capítulo, vamos explorar como a IA pode contribuir para a construção de ideias criativas em equipes de inovação, promovendo colaboração e pensamento fora da caixa para resolver problemas complexos e desenvolver novos produtos e serviços.

# Capítulo 11: Startups e IA - Inovação, Solução de Problemas e Desenvolvimento de Novos Produtos

Neste capítulo, vamos explorar como a inteligência artificial pode ser uma aliada essencial para startups, ajudando-as a promover inovação, resolver problemas complexos e desenvolver novos produtos e serviços. Vamos discutir exemplos práticos, como fintechs de cobrança, uma startup que utiliza IA para atendimento telefônico robótico, e uma ideia original para mostrar o potencial da IA em criar soluções disruptivas.

## Caso 1: Fintechs de Cobrança - Eficiência e Personalização

As fintechs de cobrança surgiram para modernizar um processo que, tradicionalmente, é complexo e burocrático. Mariana, fundadora de uma fintech voltada para cobrança de pequenas e m édias empresas, percebeu que muitas dessas empresas tinham dificuldades em lidar com atrasos e inadimplência. O desafio era encontrar uma forma de personalizar as cobranças de maneira eficiente, sem alienar os clientes de seus próprios clientes. Ela decidiu utilizar IA para otimizar esse processo.

**Prompt 1: "Desenvolva uma estratégia baseada em IA para otimizar o processo de cobrança, garantindo uma**

comunicação mais eficiente e personalizada com os clientes inadimplentes."

A IA sugeriu uma estratégia que incluía:

• **Análise de Perfil do Cliente**: Utilizar aprendizado de máquina para analisar o comportamento de pagamento dos clientes e prever aqueles que têm maior risco de inadimplência. Isso permitiria abordagens mais direcionadas, prevenindo o problema antes que ele se tornasse crítico.

• **Comunicação Personalizada**: Baseado nos perfis de risco, a IA sugeriu criar mensagens de cobrança personalizadas. Para clientes que atrasam o pagamento pela primeira vez, a mensagem seria amigável e empática. Já para clientes recorrentes, a abordagem seria mais assertiva, destacando as consequências da inadimplência.

• **Chatbots Automatizados para Negociação**: Desenvolver um chatbot que pudesse negociar automaticamente termos de pagamento com os clientes. Isso ajudaria a agilizar o processo e garantir um acordo rápido, respeitando as limitações financeiras do cliente.

Mariana implementou essas sugestões e percebeu uma redução significativa na inadimplência. A personalização na comunicação fez com que os clientes se sentissem respeitados e mais propensos a regularizar suas situações, e o chatbot ajudou a automatizar negociações, poupando tempo e recursos da equipe.

## Caso 2: Atendimento Telefônico Robótico - Humanizando a IA

Pedro criou uma startup de atendimento telefônico que utiliza IA para lidar com grandes volumes de chamadas de atendimento ao cliente. A ideia era substituir os sistemas tradicionais de atendimento automático, que costumam ser frustrantes e limitados, por um sistema mais natural e eficiente. O desafio era fazer com que o atendimento robótico fosse eficiente sem parecer desumanizado.

**Prompt 2: "Desenvolva uma abordagem de atendimento telefônico robótico que utilize IA para entender o contexto das chamadas e responder de forma natural e amigável, garantindo que os clientes se sintam compreendidos."**

A IA propôs as seguintes abordagens:

• **Análise de Sentimentos em Tempo Real:** Durante a chamada, a IA analisaria o tom de voz do cliente para detectar emoções como frustração ou confusão, ajustando o comportamento do robô para responder de maneira mais empática e prestativa.

• **Histórico do Cliente:** Antes de atender a chamada, a IA buscaria o histórico do cliente, como chamados anteriores e serviços utilizados, para iniciar a conversa de uma maneira que demonstrasse conhecimento prévio do problema.

• **Aprendizado Contínuo:** O sistema aprenderia continuamente com as interações anteriores, ajustando suas respostas e identificando padrões de problemas comuns, facilitando a solução de futuras chamadas semelhantes.

Pedro adotou essas sugestões e percebeu que o nível de satisfação dos clientes aumentou. A IA, ao se adaptar ao tom de voz e utilizar o histórico do cliente, reduziu a frustração dos consumidores e proporcionou um atendimento mais eficiente. Além disso, o aprendizado contínuo permitiu à IA melhorar suas respostas ao longo do tempo, criando uma experiência mais humana e menos robótica.

## Caso 3: Uma Startup Original - Assistente de Saúde Preventiva Pessoal

Laura teve a ideia de criar uma startup que ajudasse as pessoas a gerenciar sua saúde de maneira preventiva, utilizando IA para fornecer insights personalizados. Sua ideia era desenvolver um assistente de saúde pessoal que pudesse analisar hábitos diários e oferecer recomendações para melhorar a saúde dos usuários, ajudando-os a evitar problemas futuros.

**Prompt 3: "Desenvolva um assistente de saúde preventiva que utilize IA para coletar dados diários dos usuários e fornecer recomendações personalizadas sobre hábitos saudáveis, prevenção de doenças e bem-estar geral."**

A IA sugeriu as seguintes funcionalidades:

- **Coleta de Dados por Dispositivos Wearables**: O assistente coletaria dados dos usuários por meio de dispositivos como smartwatches, monitorando passos diários, batimentos cardíacos e padrões de sono. Esses dados seriam analisados em tempo real para fornecer insights personalizados.

- **Recomendações Personalizadas**: Com base nos dados coletados, a IA poderia recomendar mudanças nos hábitos do usuário, como "Você teve um sono irregular nas últimas três noites, tente evitar cafeína após as 18h para melhorar a qualidade do sono" ou "Seu nível de atividade física caiu nesta semana, tente uma caminhada de 30 minutos para compensar."

- **Alertas Antecipados e Conexão com Profissionais de Saúde**: O sistema analisaria mudanças em padrões que pudessem indicar problemas de saúde e emitiria alertas para que o usuário buscasse ajuda médica. Além disso, poderia conectar o usuário a profissionais de saúde parceiros da startup para uma consulta remota.

Laura implementou essas ideias e lançou o assistente de saúde preventiva. Os primeiros usuários gostaram da experiência, pois o sistema não só oferecia recomendações práticas, mas também incentivava um acompanhamento constante, ajudando-os a manter bons hábitos de forma personalizada. A startup de Laura mostrou como a IA pode ser usada para promover uma abordagem proativa à saúde, transformando a prevenção em algo acessível e prático.

Neste capítulo, vimos como a podemos utilizar a IA para criar um grande diferencial para startups, proporcionando inovação, eficiê ncia e personalização.

Desde uma fintech de cobrança que otimiza a comunicação com inadimplentes, passando por um atendimento telefônico robótico que humaniza a experiência do cliente, até um assistente de saúde preventiva que cuida dos hábitos dos usuários, a IA se mostra essencial para resolver problemas complexos e desenvolver produtos que atendam às necessidades reais do mercado.

Esses exemplos ilustram como, quando bem aplicada, a IA pode ajudar startups a explorar novas oportunidades, otimizar operações e oferecer experiências únicas aos clientes. No próximo capítulo, vamos explorar os desafios e as oportunidades da IA no contexto ético e regulatório, analisando como as startups e empresas estabelecidas podem navegar esse cenário para garantir o uso responsável da inteligência artificial.

# Capítulo 12: Desafios Éticos e Regulatórios na Saúde - Um Olhar Sobre a IA e Startups

Neste capítulo, vamos explorar os desafios éticos e regulatórios enfrentados por startups de saúde que utilizam inteligência artificial, usando como exemplo a startup de saúde preventiva de Laura, que desenvolve um assistente de saúde pessoal. A área da saúde é fortemente regulada e envolve grandes responsabilidades, especialmente ao lidar com dados sensíveis de pacientes e influenciar decisões sobre o bem-estar. Veremos como a IA pode ajudar a antecipar problemas e se preparar para uma atuação global, além de examinar os conflitos éticos que surgem neste contexto.

## Conflitos Éticos em Saúde e IA

Ao criar um assistente de saúde baseado em IA, Laura percebeu que havia questões éticas que precisavam ser tratadas de forma séria e cuidadosa. O uso de IA para oferecer recomendações de saúde levanta diversas preocupações, desde a privacidade dos dados até a precisão das recomendações e o risco de dependência do sistema por parte dos usuários.

**Prompt 1: "Liste os principais conflitos éticos que uma startup de saúde que utiliza IA pode enfrentar ao fornecer recomendações personalizadas aos usuários. Inclua questões**

relacionadas à privacidade, precisão e autonomia dos usuá rios."

A IA destacou os seguintes conflitos éticos:

• **Privacidade e Segurança dos Dados**: A coleta contínua de dados de saúde dos usuários exige rigorosos padrões de privacidade e segurança. É necessário garantir que os dados sejam criptografados e que o usuário tenha controle sobre o que é coletado e como é utilizado.

• **Precisão das Recomendações**: A IA fornece recomendações com base em dados coletados de dispositivos wearables, mas pode haver limitações que afetam a precisão das informações. Há o risco de fornecer uma recomendação inadequada, o que pode levar a consequências negativas para a sa úde do usuário.

• **Dependência e Autonomia**: O uso contínuo do assistente pode levar à dependência excessiva do sistema, fazendo com que os usuários deixem de buscar orientação médica adequada. A IA precisa ser desenvolvida de forma a incentivar o acompanhamento por profissionais de saúde e não substituí-los.

Laura entendeu que esses pontos eram fundamentais para o sucesso e a aceitação de sua startup. Ela decidiu abordar cada um deles de forma proativa, garantindo que o sistema fosse seguro e que as recomendações fossem sempre verificáveis e acompanhadas de um alerta para buscar ajuda profissional em caso de dúvidas.

## Antecipação de Problemas Regulatórios para Atuação Global

Para expandir a startup e atuar globalmente, Laura sabia que precisaria se antecipar às diferentes regulamentações de cada paí s, especialmente no que diz respeito ao uso de dados de saúde. Cada região tem suas próprias leis sobre como dados sensíveis devem ser tratados, e isso poderia se tornar um obstáculo significativo caso não fosse devidamente planejado.

**Prompt 2: "Quais são os principais problemas regulatórios que uma startup de saúde deve enfrentar ao atuar em diferentes países? Como se preparar para cumprir com as regulamentações globais sobre privacidade de dados de saú de?"**

A IA forneceu uma análise detalhada dos desafios:

• **GDPR (Regulamento Geral sobre a Proteção de Dados da União Europeia):** Na União Europeia, o GDPR exige que todos os dados sejam coletados com o consentimento explí cito do usuário, além de proporcionar aos usuários o direito de acessar, corrigir e excluir seus dados. A startup deve garantir que os usuários tenham controle total sobre suas informações.

• **Lei de Portabilidade e Responsabilidade de Seguros de Saúde (HIPAA):** Nos Estados Unidos, a HIPAA regula como as informações de saúde devem ser armazenadas e compartilhadas. A startup precisa garantir que os dados sejam tratados de acordo com essas normas, mantendo altos padrões de segurança e garantindo a confidencialidade dos usuários.

• **Regulamentações Locais na Ásia e América Latina**: Muitos países estão criando suas próprias regulamentações de privacidade, algumas inspiradas no GDPR. É importante monitorar continuamente essas regulamentações e adaptar o sistema para estar em conformidade com os requisitos locais.

Para se preparar, a IA sugeriu a Laura:

• **Contratar um Especialista em Conformidade**: Um profissional especializado em privacidade de dados e conformidade regulatória global é essencial para garantir que a startup esteja sempre de acordo com as leis dos países em que opera.

• **Estratégia de Regionalização dos Dados**: Manter servidores locais para armazenar dados em conformidade com as regulamentações específicas de cada região pode ser uma maneira eficaz de garantir que a startup cumpra as leis de proteção de dados.

• **Transparência para os Usuários**: Desenvolver uma política de privacidade clara e acessível, que detalhe como os dados são usados e ofereça opções para os usuários controlarem suas informações, ajudará a criar confiança e garantir conformidade com as exigências de transparência.

## Responsabilidade no Uso de IA em Saúde

Além das questões éticas e regulatórias, Laura também estava preocupada com a responsabilidade da IA em fornecer recomendações de saúde. Como uma startup, era essencial garantir que as sugestões dadas pela IA fossem baseadas nas melhores práticas e que não substituíssem o papel dos profissionais de saúde.

**Prompt 3: "Como uma startup de saúde pode garantir que as recomendações da IA sejam responsáveis e não substituam o acompanhamento médico adequado?"**

A IA forneceu as seguintes sugestões:

• **Referências e Base Científica:** Certificar-se de que todas as recomendações da IA são baseadas em diretrizes científicas reconhecidas e atualizadas. Cada recomendação deve ser claramente referenciada, para que o usuário possa entender de onde vêm as informações.

• **Limitação e Aviso ao Usuário:** Adicionar um aviso a cada recomendação destacando que as informações fornecidas não substituem uma consulta médica e que, em caso de dúvida ou sintomas persistentes, o usuário deve procurar um profissional de saúde.

• **Integração com Profissionais de Saúde:** Oferecer a opção de encaminhamento direto a médicos parceiros da startup, criando uma ponte entre o uso da tecnologia e o acompanhamento humano. Isso garante que os usuários tenham acesso a um especialista sempre que necessário.

Laura decidiu integrar essas sugestões ao sistema da startup. Cada recomendação agora era acompanhada de referências às práticas de saúde reconhecidas, e os usuários eram constantemente lembrados de que o assistente de saúde era um complemento, e não um substituto, para profissionais médicos.

Este capítulo destacou os desafios éticos e regulatórios que startups na área da saúde enfrentam ao utilizar inteligência artificial. No caso de Laura, a preparação proativa para lidar com essas questões foi essencial para garantir que a startup estivesse alinhada com as normas globais e seguisse um caminho responsá vel no uso da IA.

Esses desafios, que vão desde a proteção de dados até a responsabilidade ética nas recomendações, mostram que o sucesso de uma startup de saúde depende não só da tecnologia, mas também do compromisso com os usuários e da conformidade com normas que protegem o bem-estar e a privacidade das pessoas.

Nos próximos capítulos, vamos explorar como a IA pode contribuir para um advogado na construção de uma petição. Capítulo importante que pode mudar a forma de trabalho dos advogados. Caso não seja o seu caso, não se preocupe, teremos capítulos específicos para algumas profissões, além do advogado.

# Capítulo 13: Produzindo uma Petição Inicial com a Ajuda da IA - O Caso do Supermercado

Neste capítulo, vamos explorar como a inteligência artificial pode ser uma aliada na prática jurídica, ajudando advogados na construção de peças processuais. Veremos o caso de Bruna, uma advogada que representa um cliente que sofreu danos materiais graves quando uma estante caiu sobre ele durante uma visita a um supermercado. Bruna decidiu utilizar a IA para auxiliá-la na criação de uma petição inicial, desde a qualificação do cliente até a construção dos argumentos e pedidos finais.

## Contextualizando o Caso

O cliente de Bruna, Carlos, estava fazendo compras em um supermercado quando uma estante mal fixada caiu sobre ele, causando danos materiais e lesões físicas. Carlos sofreu prejuízos financeiros devido aos danos, além do impacto emocional do acidente. O objetivo de Bruna é ingressar com uma ação de indenização contra o supermercado, buscando reparação pelos danos sofridos.

## Pesquisa de Leis, Doutrinas e Princípios com a IA

Para construir uma petição inicial sólida, Bruna começou solicitando à IA uma pesquisa detalhada sobre as leis, doutrinas e princípios aplicáveis ao caso. Ela precisava de uma base legal clara que sustentasse o pedido de indenização.

**Prompt 1: "Liste as leis e princípios aplicáveis a um caso de responsabilidade civil envolvendo a queda de uma estante em um supermercado, causando danos materiais e pessoais ao cliente."**

A IA forneceu os seguintes elementos legais:

• **Código de Defesa do Consumidor (CDC):** A responsabilidade do supermercado pode ser fundamentada no artigo 14 do CDC, que estabelece a responsabilidade objetiva do fornecedor de serviços por danos causados aos consumidores, independentemente da existência de culpa.

• **Código Civil Brasileiro:** O artigo 927 do Código Civil também se aplica, prevendo que aquele que, por ato ilícito, causar dano a outrem, fica obrigado a repará-lo. Além disso, o artigo 186 define o ato ilícito, que, neste caso, seria a falha na manutenção da segurança dos consumidores.

• **Princípio da Boa-fé:** O princípio da boa-fé objetiva implica que o fornecedor deve garantir a segurança dos consumidores durante o uso de seus produtos e serviços.

• **Jurisprudência Relacionada:** A IA sugeriu que Bruna buscasse jurisprudência relacionada a casos de responsabilidade por acidente de consumo, mencionando decisões que reconhecem a responsabilidade objetiva de supermercados em situações similares.

## Construção da Qualificação e Estruturação da Peça

Bruna, em seguida, precisou da IA para ajudá-la na qualificação completa do cliente, garantindo que todos os elementos fossem incluídos na petição de forma clara e detalhada.

**Prompt 2: "Construa a qualificação completa de um cliente em uma petição inicial de responsabilidade civil, fornecendo detalhes sobre sua identificação, endereço e relação com o fato."**

A IA gerou um exemplo de qualificação:
"Carlos Silva, brasileiro, casado, empresário, portador do RG n° XXXXXXXX e CPF n° XXXXXXXX, residente e domiciliado na Rua das Flores, n° XXX, Bairro Jardim Primavera, na cidade de São Paulo, Estado de São Paulo, CEP XXXXX-XXX. Autor da presente ação, que sofreu os danos em questão durante visita ao Supermercado Bom Desconto, localizado na Avenida Principal, n° XXX, nesta cidade."

Bruna usou essa qualificação e prosseguiu com a estruturação dos fatos. Ela precisava narrar os acontecimentos de maneira clara e objetiva, demonstrando como o acidente ocorreu e os prejuízos que Carlos sofreu.

**Prompt 3: "Redija a narrativa dos fatos para uma petição inicial envolvendo um acidente em supermercado, destacando o descuido do estabelecimento em relação à segurança e os danos materiais e pessoais sofridos pelo cliente."**

A IA sugeriu a seguinte narrativa:

"No dia 15 de março de 2024, o Autor, Sr. Carlos Silva, dirigiu-se ao Supermercado Bom Desconto para realizar suas compras habituais. Durante o trajeto pelos corredores do estabelecimento, uma estante de produtos, que estava mal fixada, veio a desabar repentinamente, atingindo o Autor. O impacto causou danos materiais, incluindo a quebra de um relógio e um celular, bem como lesões físicas em sua perna esquerda, resultando em dores significativas e necessidade de tratamento médico. O acidente ocorreu devido à evidente falta de cuidado do estabelecimento em garantir a segurança dos seus consumidores, configurando falha na prestação do serviço."

## Utilizando Jurisprudência e Doutrina

Bruna sabia que incluir jurisprudência e doutrina relevante fortaleceria sua argumentação. Ela forneceu algumas decisões judiciais anteriores que envolviam responsabilidade civil em estabelecimentos comerciais e pediu à IA para ajudar a incorporá -las de forma adequada.

**Prompt 4: "Incorpore a jurisprudência fornecida em uma seção da petição inicial que justifique a responsabilidade objetiva do supermercado."**

A IA gerou o seguinte trecho para ser incluído:
"Em conformidade com o entendimento pacificado nos tribunais, a responsabilidade objetiva dos supermercados por acidentes de consumo é amplamente reconhecida. Nesse sentido, destaca-se a seguinte jurisprudência:

'Responsabilidade civil. Supermercado. Queda de prateleira sobre consumidor. Responsabilidade objetiva. Aplicação do Código de Defesa do Consumidor. Dever de indenizar configurado. (TJSP, Apelação n° XXXXXXX-XX.XXXX.8.26.XXXX, Rel. Des. João da Silva, julgado em 10/02/2023)'

Tal entendimento reforça que o fornecedor de serviços, como o Réu, deve responder pelos danos causados ao consumidor, independentemente da comprovação de culpa, conforme preceitua o artigo 14 do Código de Defesa do Consumidor."

## Construção dos Pedidos Finais

Com a argumentação construída, Bruna precisava definir os pedidos finais de forma clara, buscando a reparação integral dos danos sofridos por Carlos. Ela pediu à IA para ajudar na elaboração dos pedidos.

**Prompt 5: "Construa os pedidos finais de uma petição inicial para um caso de responsabilidade civil envolvendo danos materiais e pessoais em um supermercado, incluindo danos morais."**

A IA sugeriu os seguintes pedidos:
"Diante do exposto, requer-se a Vossa Excelência:

a) A citação do Réu, Supermercado Bom Desconto, no endereço informado, para que, querendo, apresente contestação no prazo legal, sob pena de revelia e confissão quanto à matéria de fato;

b) A condenação do Réu ao pagamento de indenização pelos danos materiais sofridos, no valor de R$ X.XXX,XX, correspondente aos itens danificados no acidente (relógio e celular), conforme notas fiscais anexadas;

c) A condenação do Réu ao pagamento de indenização pelos danos morais, no valor de R$ XX.XXX,XX, considerando o sofrimento físico e emocional enfrentado pelo Autor em razão do acidente;

d) A condenação do Réu ao pagamento das custas processuais e honorários advocatícios;

e) A produção de todas as provas em direito admitidas, em especial a testemunhal e documental."

Neste capítulo, vimos como a IA pode ser uma parceira valiosa para advogados na criação de uma petição inicial, desde a pesquisa de leis e doutrinas até a construção dos argumentos e pedidos finais.

O caso de Bruna exemplificou como a IA pode agilizar o processo de elaboração, permitindo ao advogado concentrar-se em analisar os elementos cruciais do caso e garantir que a argumentação esteja bem fundamentada.

A IA, ao fornecer sugestões precisas e baseadas em precedentes, ajuda a reduzir o tempo necessário para a elaboração de uma peça jurídica, garantindo que o resultado seja coerente e alinhado às melhores práticas. No próximo capítulo, vamos explorar como a IA pode ser utilizada para auxiliar na análise de riscos legais em um contexto empresarial, apoiando advogados corporativos na tomada de decisões estratégicas.

# Capítulo 14: Advogado Corporativo e IA - Gestão de Riscos e Eficiência

Neste capítulo, vamos explorar como a inteligência artificial pode auxiliar advogados corporativos, ajudando-os a enfrentar as complexidades jurídicas que envolvem uma grande empresa. Vamos acompanhar o caso de Vitor, um advogado corporativo responsável por revisar contratos, cuidar do contencioso trabalhista, elaborar documentos relacionados à Lei Geral de Proteção de Dados (LGPD) e analisar riscos legais e tributários das operações da empresa. A IA será uma parceira estratégica para Vitor, permitindo que ele tome decisões mais informadas e aumente a eficiência de suas tarefas cotidianas.

## Revisão de Contratos: Automatizando e Aumentando a Precisão

A revisão de contratos é uma das tarefas mais comuns, mas também uma das mais trabalhosas, para um advogado corporativo. Vitor precisa revisar vários contratos com fornecedores, garantindo que todos os termos estejam de acordo com a política da empresa e que não haja cláusulas que possam gerar riscos futuros. Ele decide utilizar a IA para agilizar o processo de revisão.

**Prompt 1: "Analise este contrato de fornecimento e identifique possíveis cláusulas problemáticas, focando em riscos legais e de compliance para a empresa."**

A IA analisa o contrato e fornece um relatório destacando os seguintes pontos:

- **Cláusulas de Penalidade Exageradas**: A cláusula de penalidade para o caso de rescisão por parte da empresa era muito alta e poderia ser considerada desproporcional, expondo a empresa a riscos financeiros desnecessários.
- **Falta de Cláusulas de Rescisão por Violação de Compliance**: A IA identificou que não havia cláusulas específicas que permitissem à empresa rescindir o contrato caso o fornecedor fosse envolvido em práticas de corrupção ou violação de regras de compliance. A inclusão dessas cláusulas é essencial para mitigar riscos reputacionais.
- **Obrigações Ambíguas**: Algumas obrigações do fornecedor estavam descritas de forma ambígua, o que poderia gerar conflitos no futuro, especialmente se houvesse necessidade de determinar responsabilidades específicas em caso de falhas.

Com essas informações, Vitor conseguiu ajustar o contrato, garantindo que todos os termos fossem claros e que os riscos fossem reduzidos ao máximo.

## Contencioso Trabalhista: Análise e Priorização de Casos

Vitor também é responsável por gerenciar o contencioso trabalhista da empresa, o que envolve dezenas de processos movidos por ex-funcionários. Ele precisa definir quais casos têm maior risco financeiro e quais devem ser priorizados para negociação ou defesa mais rigorosa.

**Prompt 2: "Classifique os processos trabalhistas em andamento de acordo com o risco financeiro e a probabilidade de derrota, considerando jurisprudências recentes e dados sobre a atuação da empresa."**

A IA analisou os processos e sugeriu uma classificação com base nos seguintes critérios:

- **Histórico de Processos Semelhantes**: A IA utilizou dados de casos anteriores para prever a probabilidade de vitória ou derrota em cada um dos processos. Ela identificou, por exemplo, que ações que envolviam horas extras não pagas costumavam ser desfavoráveis para a empresa, com alta probabilidade de condenação.
- **Análise de Jurisprudência**: A IA fez uma pesquisa sobre decisões recentes que poderiam influenciar o resultado dos casos, destacando aqueles em que a jurisprudência indicava uma tendência desfavorável.
- **Potencial de Impacto Financeiro**: Cada processo foi classificado de acordo com o valor da causa e o potencial de impacto financeiro, ajudando Vitor a definir uma estratégia de defesa ou negociação mais eficaz para os casos mais arriscados.

Com essa classificação, Vitor conseguiu priorizar os recursos da equipe jurídica de forma mais estratégica, focando nos casos que apresentavam maior risco e buscando acordos para os processos menos favoráveis.

## Elaboração de Contratos para LGPD

Com a entrada em vigor da Lei Geral de Proteção de Dados (LGPD), Vitor precisava elaborar contratos de tratamento de dados pessoais para fornecedores e parceiros da empresa, garantindo que todas as cláusulas estivessem de acordo com a legislação e que a empresa estivesse protegida de possíveis sanções.

**Prompt 3: "Elabore uma minuta de contrato de tratamento de dados pessoais conforme a LGPD, garantindo que todas as partes estejam cientes de suas responsabilidades e obrigações."**

A IA gerou um esboço do contrato, incluindo as seguintes cláusulas:

- **Finalidade do Tratamento**: Definição clara da finalidade para a qual os dados pessoais seriam tratados, conforme o princípio da necessidade previsto na LGPD.
- **Responsabilidade do Controlador e Operador**: As responsabilidades de cada parte no tratamento dos dados foram detalhadas, assegurando que todos soubessem quem seria responsável em caso de violação.
- **Direitos dos Titulares dos Dados**: Cláusulas que especificavam o compromisso da empresa em respeitar os direitos dos titulares, como acesso, correção e eliminação dos dados.
- **Segurança e Privacidade**: Medidas técnicas e organizacionais que o operador deveria adotar para garantir a

segurança dos dados pessoais, evitando vazamentos ou acessos não autorizados.

Vitor usou essa minuta como base, adaptando-a às necessidades específicas de cada contrato com fornecedores e garantindo que a empresa estivesse em conformidade com a LGPD.

## Análise de Riscos Legais e Tributários

Além dos contratos e do contencioso, Vitor precisava avaliar os riscos legais e tributários das operações da empresa, especialmente em relação a novos projetos que envolviam parcerias internacionais. Ele decidiu usar a IA para realizar uma análise preliminar desses riscos.

**Prompt 4: "Analise os riscos legais e tributários de uma parceria internacional com uma empresa sediada nos Estados Unidos, considerando aspectos regulatórios e fiscais relevantes para as operações da empresa."**

A IA forneceu uma análise detalhada dos seguintes pontos:

• **Tributação Internacional:** A IA destacou os tratados de bitributação entre o Brasil e os Estados Unidos, indicando quais impostos poderiam ser compensados e quais precisariam ser pagos em ambos os países, ajudando Vitor a prever os custos fiscais da parceria.
• **Regulamentação Alfandegária e de Importação:** Informações sobre possíveis barreiras alfandegárias e

regulamentações específicas para a importação e exportação de bens entre os dois países.

• **Conformidade Regulatória:** Alertas sobre leis como a FCPA (Foreign Corrupt Practices Act), que regulamenta práticas de combate à corrupção para empresas que operam nos Estados Unidos. A IA sugeriu a inclusão de cláusulas específicas no contrato para garantir conformidade e evitar riscos relacionados a corrupção.

Com essa análise, Vitor conseguiu antecipar problemas que poderiam surgir na parceria e sugerir mudanças nos contratos, al ém de ajustar o planejamento tributário para minimizar o impacto financeiro das operações internacionais.

Este capítulo mostrou como a IA pode ser uma ferramenta indispensável para advogados corporativos, ajudando a gerenciar desde a revisão de contratos e o contencioso trabalhista até a elaboração de documentos específicos para a LGPD e a análise de riscos legais e tributários. No caso de Vitor, a IA permitiu uma aná lise mais rápida e precisa, fornecendo insights que o ajudaram a tomar decisões estratégicas e a mitigar riscos para a empresa.

Ao automatizar tarefas repetitivas e facilitar a análise de grandes volumes de informações, a IA permitiu que Vitor concentrasse seus esforços em questões mais complexas e que exigem o julgamento humano.

# Capítulo 15: CEOs, Administradores e IA - Tomada de Decisão Estratégica

Neste capítulo, vamos abordar como a inteligência artificial pode ser uma aliada essencial para CEOs e administradores que precisam tomar decisões estratégicas com base em um grande volume de dados. Vamos explorar o exemplo de Fernando, CEO de uma empresa em crescimento, que recebe relatórios detalhados de sua equipe de Business Intelligence (BI), contendo mais de 100 gráficos, 30 planilhas e 20 apresentações das áreas da empresa. Veremos como Fernando utiliza a IA para analisar rapidamente todas essas informações e encontrar os insights necessários para revisar a estratégia e direcionar os próximos passos do negócio.

## O Cenário do CEO - Muitos Dados, Pouco Tempo

Fernando tem acesso a uma vasta quantidade de dados: sua equipe de BI produz relatórios mensais que são disponibilizados em uma plataforma da empresa. Esses relatórios incluem gráficos detalhados, planilhas em Excel com métricas financeiras e operacionais, além de apresentações que cada área prepara para detalhar o desempenho e justificar as métricas. O problema de Fernando não é a falta de informações, mas sim o excesso delas. Ele precisa transformar rapidamente todos esses dados em decisões acionáveis, sem perder nenhum ponto relevante.

## Utilizando a IA para Análise Rápida e Estratégica

Fernando decide utilizar uma IA para ajudá-lo a processar e interpretar toda a informação disponível. Ele começa fornecendo os dados para a IA, que os organiza e prioriza com base nas necessidades estratégicas da empresa.

**Prompt 1: "Analise os gráficos e planilhas disponíveis e identifique tendências de desempenho, alertas de problemas e oportunidades de crescimento em cada área da empresa. Resuma as informações em insights acionáveis."**

A IA realiza uma análise cruzada entre os gráficos históricos, as planilhas financeiras e as apresentações, fornecendo os seguintes insights:

• **Tendências Positivas**: A IA identificou uma tendência positiva na área de vendas, mostrando que o lançamento recente de um produto teve um aumento consistente nas vendas nos últimos três meses. A IA destacou que a taxa de conversão em novas vendas estava acima da média histórica, sugerindo que uma campanha de marketing adicional poderia potencializar ainda mais o crescimento.

• **Alerta de Problemas na Cadeia de Suprimentos**: A análise dos gráficos de operação e das planilhas revelou um aumento dos custos de logística nos últimos dois meses, especialmente em decorrência do aumento das tarifas de transporte e atrasos de fornecedores. A IA sugeriu que Fernando revisasse os contratos de transporte e negociasse prazos mais flex íveis para mitigar esses custos.

• **Oportunidades de Eficiência**: Comparando os dados de produtividade de cada equipe, a IA identificou que a á rea de atendimento ao cliente apresentava um potencial de automação, sugerindo o uso de um chatbot para reduzir o volume de questões simples que demandavam muito tempo dos atendentes.

Esses insights forneceram a Fernando uma visão geral rápida sobre os pontos mais críticos e as melhores oportunidades para direcionar os recursos da empresa.

## Priorizando Ações e Direcionamento Estratégico

Com os insights obtidos, Fernando precisava agora priorizar ações e definir as estratégias para cada uma das áreas da empresa. Ele decidiu usar a IA para ajudá-lo a definir os próximos passos e elaborar um plano de ação detalhado.

**Prompt 2: "Com base nos insights encontrados, priorize as ações que devem ser tomadas para melhorar os resultados da empresa nos próximos seis meses. Inclua sugestões específicas para cada área."**

A IA gerou a seguinte lista de prioridades:

1.  **Marketing e Vendas:**

•	Ampliar a campanha de marketing digital focada no produto que teve bom desempenho nas vendas. Alocar um orçamento adicional para anúncios em redes sociais, focando em públicos semelhantes aos atuais compradores.

2.	**Logística e Operações:**

•	Revisar os contratos de transporte para reduzir custos. Considerar a renegociação dos prazos de entrega com fornecedores e explorar alternativas de transportadoras que ofereçam melhores tarifas para reduzir despesas.

3.	**Atendimento ao Cliente:**

•	Implementar um sistema de chatbot para automatizar o atendimento das perguntas frequentes. Isso reduzir á o volume de trabalho dos atendentes humanos e permitirá que se concentrem em casos mais complexos.

4.	**Recursos Humanos:**

•	Realizar um treinamento focado em gestão de tempo para a equipe de operações, com o objetivo de melhorar a eficiência e reduzir os atrasos nas entregas de produtos.

Com essa priorização, Fernando tinha uma visão clara do que precisava ser feito em cada área para atingir os objetivos de crescimento e otimização da empresa.

## Análise de Cenários e Tomada de Decisão Baseada em Dados

Fernando também queria explorar cenários diferentes para entender os possíveis impactos de cada decisão estratégica. Ele pediu à IA para ajudá-lo a visualizar as possíveis consequências de investir em cada uma das ações sugeridas.

**Prompt 3: "Crie uma análise de cenários que mostre o impacto financeiro e operacional das ações propostas para os próximos seis meses, considerando diferentes níveis de investimento em marketing e redução de custos logísticos."**

A IA gerou três cenários principais:

• **Cenário 1 - Investimento Moderado em Marketing e Redução de Custos Logísticos**: Com um investimento adicional de 20% em marketing, a projeção de vendas poderia aumentar em 15%, enquanto a revisão dos contratos de logística poderia reduzir os custos operacionais em até 10%. Esse cenário mostrava um crescimento sustentável, com um aumento na margem de lucro.

• **Cenário 2 - Investimento Agressivo em Marketing**: Investindo 50% a mais em marketing, a empresa poderia alcançar um crescimento de vendas de até 30%, mas com um aumento significativo nos custos operacionais de curto prazo. A IA destacou que esse cenário seria mais arriscado e exigiria um controle rigoroso dos custos para evitar impactos negativos no fluxo de caixa.

• **Cenário 3 - Foco Exclusivo em Eficiência Operacional**: Concentrar esforços apenas na revisão dos contratos logísticos e na implementação do chatbot para atendimento ao cliente poderia reduzir os custos em 20%, mas o crescimento das vendas seria menor, permanecendo próximo ao histórico atual. Esse cenário seria ideal para garantir uma operação mais enxuta e prepará-la para investimentos futuros em crescimento.

Com essa análise de cenários, Fernando conseguiu ter uma visão clara sobre os riscos e benefícios de cada abordagem, o que o ajudou a tomar uma decisão mais informada sobre como alocar os recursos da empresa para o próximo semestre.

## Conclusão

Este capítulo mostrou como a IA pode ser uma aliada estratégica para CEOs e administradores, ajudando a transformar uma grande quantidade de dados em insights acionáveis e decisões concretas. No caso de Fernando, a IA permitiu que ele revisasse rapidamente mais de 100 gráficos, 30 planilhas e 20 apresentações, resumindo as informações e identificando as principais tendências e alertas.

Além disso, a IA ajudou a priorizar ações, criar planos estratégicos e analisar diferentes cenários, proporcionando uma base sólida para decisões bem informadas. Em um ambiente corporativo onde o tempo é um recurso escasso e as informações são vastas e complexas, a IA se torna um parceiro essencial, permitindo que lí deres se concentrem no que realmente importa: criar estratégias para o crescimento e para a inovação contínua.

# Capítulo 16: Engenharia Civil e IA - Análise de Materiais e Planejamento de Obras

Neste capítulo, vamos explorar como a inteligência artificial pode ser uma ferramenta poderosa para engenheiros civis que precisam garantir a precisão e a eficiência em seus projetos. Vamos acompanhar o caso de Ricardo, um engenheiro civil que está desenvolvendo uma obra complexa e precisa analisar a resistência de certos materiais, bem como calcular as quantidades necessárias para cada parte da construção. Ricardo sabe que poderia fazer esses cálculos manualmente, mas ele decide usar a IA para revisar seus cálculos e identificar possíveis falhas ou melhorias.

## A Importância da Resistência dos Materiais

Ricardo está projetando uma estrutura que exige um entendimento preciso sobre a resistência dos materiais a serem utilizados. Ele já realizou os cálculos de resistência com base nas especificações do projeto, considerando as cargas previstas, mas deseja garantir que tudo esteja correto e não falte nenhuma consideração importante.

**Prompt 1: "Revise meus cálculos de resistência dos materiais para uma estrutura de concreto armado, considerando as cargas dinâmicas e estáticas, e verifique se há alguma falha ou ponto a melhorar."**

A IA analisou os cálculos de Ricardo, considerando:

- **Cargas Estáticas e Dinâmicas**: A IA verificou os c álculos de cargas estáticas (peso próprio da estrutura e materiais) e dinâmicas (cargas móveis, vento e outros esforços). Ela sugeriu um ajuste nos fatores de segurança, pois os valores usados por Ricardo estavam próximos do limite aceitável, o que poderia ser um problema em situações de carga máxima.
- **Resistência à Compressão e Flexão**: A IA fez uma verificação detalhada dos cálculos de resistência à compressão e flexão do concreto, destacando que o coeficiente de resistência do aço utilizado para as barras de armadura poderia ser melhorado se fosse utilizado um aço de alta resistência. Isso permitiria reduzir a quantidade de armadura sem comprometer a segurança da estrutura.
- **Deformações e Fadiga**: Além disso, a IA identificou que Ricardo poderia incluir uma análise mais detalhada sobre a fadiga dos materiais, especialmente devido a cargas cíclicas que poderiam ocorrer ao longo do tempo.

Essas sugestões ajudaram Ricardo a melhorar a precisão dos seus cálculos, proporcionando uma maior margem de segurança para a estrutura e garantindo que todos os fatores de resistência fossem adequadamente considerados.

## Cálculo de Quantidades de Material para a Obra

Com os cálculos de resistência revisados, Ricardo precisou calcular as quantidades de materiais, como concreto, aço e outros componentes, necessários para cada parte da obra. Ele decidiu utilizar a IA para verificar seus cálculos e garantir que não estivesse subestimando ou superestimando as quantidades.

**Prompt 2: "Calcule as quantidades de concreto e aço necessá rias para uma laje de concreto armado de 200 m², com espessura de 15 cm e reforço em malha dupla de aço, considerando os padrões estruturais aplicáveis."**

A IA forneceu as seguintes estimativas:

• **Concreto**: Para a laje de 200 m² com 15 cm de espessura, a IA calculou um volume de 30 m³ de concreto. Além disso, sugeriu considerar um fator de perda de 5% para garantir que não falte material devido a pequenos erros durante a execução.

• **Aço**: A IA calculou a quantidade necessária de aço para as malhas de reforço, levando em conta o espaçamento entre as barras, o diâmetro recomendado para a armadura e os recobrimentos adequados. O resultado foi de aproximadamente 2.400 kg de aço, com uma recomendação para considerar possí veis ajustes durante a concretagem para garantir a correta distribuição da armadura.

Ricardo percebeu que, ao usar a IA para verificar suas estimativas, ele estava mais seguro de que as quantidades estavam corretas e que possíveis ajustes haviam sido considerados, evitando desperd ício de material e gastos desnecessários.

## Revisão e Identificação de Falhas Potenciais

Além dos cálculos tradicionais, Ricardo também queria entender se havia algo que ele não estava considerando adequadamente, seja na distribuição de cargas, nos tipos de materiais ou em outros fatores estruturais. Ele pediu à IA uma análise mais ampla do projeto.

**Prompt 3: "Identifique possíveis falhas ou pontos que poderiam ser otimizados na estrutura projetada, considerando as melhores práticas de engenharia civil."**

A IA sugeriu os seguintes pontos de melhoria:

• **Redistribuição de Cargas**: A IA sugeriu revisar a distribuição de cargas entre as vigas e pilares, indicando que uma redistribuição poderia melhorar a eficiência estrutural e reduzir as cargas em determinados pontos, tornando o projeto mais econômico.

• **Uso de Aditivos no Concreto**: A IA destacou que o uso de aditivos plastificantes poderia aumentar a trabalhabilidade do concreto, permitindo uma melhor distribuição durante a concretagem e reduzindo a probabilidade de falhas, como segregação.

• **Análise de Fundações**: A IA sugeriu uma análise mais detalhada das fundações, destacando que o tipo de solo poderia exigir um reforço específico para evitar problemas de recalque. Ricardo revisou o relatório geotécnico e, a partir da sugestão, decidiu aumentar a base de algumas sapatas, garantindo maior estabilidade.

Este capítulo mostrou como a IA pode ser uma ferramenta de suporte para engenheiros civis, ajudando desde a análise de resistê ncia dos materiais até o cálculo de quantidades e a identificação de pontos de melhoria no projeto. No caso de Ricardo, a IA permitiu que ele revisasse seus cálculos com mais confiança e garantisse que todos os fatores estruturais estivessem devidamente considerados.

A IA não substituiu o conhecimento técnico de Ricardo, mas serviu como uma revisão inteligente, ajudando a identificar possí veis falhas e sugerir melhorias que poderiam passar despercebidas. Essa colaboração entre o engenheiro e a IA resultou em um projeto mais seguro, eficiente e econômico, ilustrando como a tecnologia pode apoiar e ampliar as capacidades dos profissionais de engenharia.

No próximo capítulo, vamos explorar como a IA pode ser usada por profissionais de marketing para analisar dados de consumidores e criar campanhas mais eficazes, usando insights obtidos a partir de um grande volume de informações.

# Capítulo 17: IA e Marketing Digital - Recriando uma Campanha de Natal

Neste capítulo, exploraremos como a inteligência artificial pode ser uma aliada essencial para uma agência de marketing digital que está redesenhando uma campanha de Natal para um portal de e-commerce de produtos para o lar, incluindo cama, mesa, banho, eletrodomésticos, computadores e celulares. A empresa já possui uma quantidade considerável de dados de campanhas de tráfego pago e SEO acumulados nos últimos dois anos, e agora a agência precisa analisar esses dados rapidamente para descobrir o que funcionou e o que não deu certo, buscando insights para uma nova estratégia que aumente as conversões.

## O Desafio da Agência de Marketing

A agência foi contratada para aumentar as vendas do portal de e-commerce durante o período de Natal, uma época crítica para o comércio. Os produtos do site incluem desde itens para casa até eletrônicos e utilidades, tornando a segmentação e a personalização essenciais para alcançar diferentes tipos de clientes. O portal possui dados consolidados de mais de dois anos de campanhas de tráfego pago (Google Ads, Facebook Ads, etc.) e estratégias de SEO, mas o desafio é analisar esses dados e transformar rapidamente as informações em insights práticos.

# Analisando os Dados Históricos com IA

Os dados fornecidos à IA incluem planilhas consolidadas com mé tricas de desempenho das campanhas, como taxas de cliques (CTR), custo por clique (CPC), custo por aquisição (CPA), taxas de conversão, e informações sobre palavras-chave que tiveram melhor e pior desempenho em SEO.

**Prompt 1: "Analise os dados consolidados das campanhas de tráfego pago dos últimos dois anos e identifique padrões de sucesso e fracasso, sugerindo o que deve ser mantido e o que deve ser evitado em uma nova campanha de Natal."**

A IA analisou os dados e forneceu os seguintes insights:

- **Padrões de Sucesso:**
- **Segmentação por Interesse**: A IA identificou que campanhas focadas em "interesse por decoração de interiores" e "tecnologia para casa" tiveram uma taxa de conversão muito maior que outras campanhas de segmentação mais ampla. Isso indica que a personalização para nichos específicos de interesse é uma estratégia eficaz para o público do e-commerce.
- **Anúncios com Contagem Regressiva**: Os anú ncios que incluíam uma contagem regressiva para o Natal tiveram um impacto positivo na taxa de conversão, gerando uma sensação de urgência que incentivou a compra imediata.
- **Fracassos e Oportunidades de Melhoria:**

- **Campanhas Genéricas**: Anúncios que usavam textos genéricos, como "Grandes Ofertas de Natal", tiveram uma taxa de conversão significativamente menor em comparação com campanhas que destacavam produtos específicos. Isso indica que a especificidade no anúncio é fundamental.
- **Disparidade em Dispositivos**: A IA identificou que as conversões em dispositivos móveis eram mais baixas em comparação com desktops, sugerindo que os anúncios e a experiência de compra no mobile poderiam ser melhorados.

## Insights para uma Nova Campanha

Com base nos dados históricos, a IA forneceu sugestões para a nova campanha de Natal que aumentassem a conversão e melhorassem os resultados em comparação com anos anteriores.

**Prompt 2: "Sugira ideias para uma campanha de Natal focada em aumentar a conversão do portal de e-commerce, com base nos padrões de sucesso identificados nos dados históricos."**

A IA sugeriu as seguintes estratégias:

- **Segmentação Personalizada com Criativos Específicos**: Criar diferentes conjuntos de anúncios para cada nicho de interesse relevante, como "Cama, Mesa e Banho para o Natal" e "Tecnologia para a Casa como Presente". Cada criativo deve destacar produtos específicos, com foco nos benefícios e nas promoções sazonais.

- **Anúncios com Contagem Regressiva e Urgê ncia**: Incluir contagem regressiva para promoções especiais de Natal e destacar benefícios como "Entrega Garantida antes do Natal" para aumentar a urgência. A IA sugeriu testar diferentes cores e mensagens para ver quais combinavam melhor com cada público.
- **Melhoria da Experiência Móvel**: Desenvolver an úncios otimizados para dispositivos móveis, com carregamento r ápido e direcionados a páginas específicas que também estejam otimizadas para o mobile. Incluir um botão de "Compra com Um Clique" para reduzir fricções na jornada de compra.

## Análise das Estratégias de SEO

Além do tráfego pago, a agência queria também entender o desempenho das estratégias de SEO. Havia uma grande quantidade de dados sobre palavras-chave, páginas de destino e o comportamento dos usuários no site, e a agência precisava entender como otimizar o SEO para captar mais tráfego orgânico durante a campanha de Natal.

**Prompt 3: "Analise os dados de SEO dos últimos dois anos e forneça insights para melhorar a estratégia orgânica do portal de e-commerce para o período de Natal."**

A IA gerou os seguintes insights:

- **Palavras-chave de Cauda Longa**: Palavras-chave específicas, como "melhor presente de Natal para pais" e "decoração de Natal para apartamentos pequenos", tiveram um desempenho melhor do que palavras-chave genéricas. A IA sugeriu que a nova estratégia de conteúdo focasse em palavras-chave de cauda longa com forte intenção de compra.
- **Otimização de Páginas de Produto**: As páginas de produtos com descrições detalhadas e que incluíam avaliações de clientes tiveram melhores taxas de conversão. A IA sugeriu melhorar as páginas de destino dos produtos principais, incluindo seções de "Dúvidas Frequentes" e "Avaliações de Clientes" para dar mais confiança ao consumidor.
- **Artigos de Conteúdo Relacionado ao Natal**: A criação de artigos sobre temas relacionados ao Natal, como "Dicas para decorar sua casa para o Natal" e "Como escolher o melhor presente de Natal para cada membro da família", trouxe um tráfego significativo. A IA sugeriu criar uma série de conteúdos adicionais, como listas de presentes e guias de decoração, vinculando os produtos do e-commerce diretamente.

## Ideias para o Planejamento Criativo

Com os insights fornecidos pela IA, a agência decidiu planejar o lado criativo da campanha. Eles queriam ideias para anúncios visuais e textos que pudessem atrair a atenção dos consumidores e transmitir uma mensagem clara e emocional.

**Prompt 4: "Sugira ideias criativas para os anúncios da campanha de Natal, incluindo elementos visuais e textos persuasivos para cada segmento de produtos."**

A IA sugeriu os seguintes elementos:

- **Cama, Mesa e Banho:**
- **Visual:** Anúncios que mostram uma família reunida em uma sala decorada para o Natal, com produtos de cama e banho sendo usados em momentos felizes, como crianças abrindo presentes na cama.
- **Texto:** "Traga o conforto do Natal para sua casa. Produtos que aquecem corações e tornam o seu lar ainda mais acolhedor. Aproveite as ofertas especiais de Natal!"
- **Eletrodomésticos e Tecnologia:**
- **Visual:** Anúncios que mostram eletrodomésticos sendo usados em um jantar de Natal, como uma cafeteira elétrica servindo o café da ceia.
- **Texto:** "Facilite a magia do Natal. Eletrodomésticos que tornam cada momento ainda mais especial. Entrega garantida antes do Natal!"
- **Computadores e Celulares:**
- **Visual:** Jovens trocando presentes que incluem celulares e tablets, mostrando a felicidade de receber o presente desejado.
- **Texto:** "O presente que todos desejam neste Natal está aqui. Compre agora e aproveite as promoções imperdíveis!"

**Conclusão**

Este capítulo mostrou como a IA pode ser uma parceira essencial para agências de marketing digital, ajudando a analisar um grande volume de dados de campanhas passadas e gerando insights acion áveis para uma nova campanha. No caso da campanha de Natal para o portal de e-commerce, a IA auxiliou na identificação de padrões de sucesso e fracasso, além de propor novas estratégias e abordagens criativas que visavam maximizar as conversões durante o período mais importante do ano para o varejo.

A IA não apenas acelerou a análise dos dados, mas também proporcionou uma perspectiva mais detalhada sobre como melhorar o desempenho das campanhas futuras. A combinação de dados históricos e insights gerados pela IA permitiu que a agência criasse uma campanha de Natal mais focada, personalizada e com maior potencial de sucesso.

# Capítulo 18: Ética no Diagnóstico Médico - O Caso da Hidradenite Supurativa

Neste capítulo, vamos explorar como a inteligência artificial pode ajudar médicos em casos complexos, especialmente quando o diagnóstico envolve uma doença rara. Vamos analisar o caso de Dr. Marcos, um médico que está tratando um paciente com furúnculos na pele. Inicialmente, os sintomas parecem comuns, mas Dr. Marcos suspeita que possa se tratar de hidradenite supurativa, uma doença inflamatória crônica e rara. Ele não está certo do diagnóstico e sabe que errar pode levar a um tratamento inadequado e piorar o quadro do paciente. Neste contexto, a IA será usada para guiar o processo diagnóstico, e vamos tratar dos dilemas éticos envolvidos em um possível erro médico.

## O Desafio Diagnóstico

O paciente de Dr. Marcos, José, está apresentando furúnculos recorrentes em várias partes do corpo, incluindo áreas onde há dobras, como axilas e virilhas. A princípio, os sintomas poderiam sugerir uma infecção bacteriana comum, mas o padrão de recorrência e as áreas afetadas fazem o Dr. Marcos suspeitar de algo mais complexo, como hidradenite supurativa (HS). No entanto, a hidradenite é uma condição difícil de ser diagnosticada com precisão, pois seus sintomas podem se assemelhar a outras doenças de pele, como abscessos simples ou foliculite. Dr. Marcos decide usar a IA para auxiliá-lo no processo.

## Identificando Fatores Relevantes para o Diagnóstico

Dr. Marcos começa solicitando à IA uma análise dos fatores importantes para diferenciar hidradenite supurativa de outras condições dermatológicas que causam furúnculos.

**Prompt 1: "Quais são os fatores clínicos que diferenciam hidradenite supurativa de outras condições que causam furú nculos recorrentes na pele?"**

A IA forneceu os seguintes fatores importantes para ajudar no diagnóstico:

• **Localização dos Furúnculos**: A hidradenite supurativa geralmente ocorre em áreas com glândulas apócrinas, como axilas, virilhas, nádegas e, ocasionalmente, debaixo dos seios. Se os furúnculos ocorrem consistentemente nessas áreas, isso é um sinal importante que diferencia HS de outras condições.

• **Presença de Tratos Fístulos e Cicatrizes**: A hidradenite, ao evoluir, pode formar tratos fistulosos (túneis sob a pele) e cicatrizes espessas, o que é menos comum em abscessos recorrentes causados por infecções bacterianas comuns.

• **Fatores de Predisposição Familiar e Recorrê ncia**: Histórico familiar de HS é um fator significativo, já que há uma ligação genética. Além disso, a frequência dos episódios e o agravamento progressivo são características típicas da hidradenite.

• **Ausência de Fatores Infecciosos Claros**: Enquanto abscessos bacterianos normalmente têm uma causa infecciosa clara, a hidradenite é mais uma condição inflamatória crônica, onde os antibióticos têm pouco efeito curativo definitivo.

Com essas informações, Dr. Marcos decide realizar um exame fí sico mais detalhado e questionar o paciente sobre a localização exata dos furúnculos, a presença de cicatrizes e qualquer histórico familiar de problemas semelhantes.

## Diferença no Diagnóstico: IA como Ferramenta de Apoio

Mesmo com as informações fornecidas pela IA, Dr. Marcos quer garantir que está tomando a melhor decisão possível, minimizando o risco de um erro diagnóstico. Ele decide explorar mais a fundo os possíveis diagnósticos diferenciais utilizando prompts para guiar o processo.

**Prompt 2: "Liste as possíveis condições dermatológicas que podem causar furúnculos recorrentes e que precisam ser descartadas antes de confirmar o diagnóstico de hidradenite supurativa."**

A IA gerou a seguinte lista de condições diferenciais:

• **Foliculite**: Infecção dos folículos pilosos que pode causar lesões semelhantes a furúnculos, mas geralmente é menos dolorosa e menos extensa do que HS.

• **Abscessos de Pele Bacterianos**: Infecções bacterianas, geralmente causadas por *Staphylococcus aureus*, podem causar abscessos recorrentes. Esses casos respondem bem a antibióticos, diferentemente da hidradenite.

• **Carbúnculos**: Infecções mais profundas que afetam vários folículos, mas são tipicamente localizados e não têm a natureza recorrente e progressiva da HS.

• **Doença de Crohn Cutânea**: Pode ocorrer na região perianal, causando lesões semelhantes, mas associadas a sintomas gastrointestinais.

Dr. Marcos percebe que a IA o ajudou a ter uma visão mais ampla sobre as possibilidades e decide realizar exames complementares para descartar a presença de infecções bacterianas e verificar possíveis sintomas sistêmicos que pudessem indicar outras condições.

## O Dilema Ético do Erro Médico

Dr. Marcos sabe que, caso ele diagnostique erroneamente o paciente com uma infecção bacteriana comum, ele pode acabar indicando um tratamento inadequado, como antibióticos, que provavelmente não surtiriam efeito em um caso de hidradenite. Além de não resolver o problema do paciente, o uso inadequado de antibióticos pode levar ao desenvolvimento de resistência bacteriana, um problema sério de saúde pública.

**Prompt 3: "Quais são as implicações éticas de diagnosticar erroneamente um paciente com hidradenite supurativa como uma infecção bacteriana, e quais estratégias o médico pode adotar para minimizar o risco de erro?"**

A IA forneceu as seguintes considerações éticas:

• **Risco de Subtratamento e Sofrimento Prolongado**: Um diagnóstico incorreto pode levar ao subtratamento da hidradenite, o que causa sofrimento contínuo ao paciente, além de agravamento das lesões e cicatrizes permanentes.

• **Uso Inadequado de Antibióticos**: Prescrever antibióticos erroneamente não apenas falha em resolver a condição do paciente, mas também contribui para o problema global da resistência antimicrobiana, que coloca outros pacientes em risco.

• **Impacto Psicológico**: A hidradenite é uma condição que causa impacto significativo na qualidade de vida, podendo levar à dor crônica e problemas de autoestima. Um diagnóstico incorreto prolonga o desconforto e a frustração do paciente, além de adiar um possível tratamento correto.

Para minimizar o risco de erro, a IA sugeriu as seguintes estraté gias:

• **Obter uma Segunda Opinião**: Consultar um dermatologista ou outro especialista que possa fornecer uma visão adicional sobre o caso.

- **Biópsia ou Culturas Bacterianas**: Realizar bió psia ou culturas para verificar a presença de bactérias ou caracterí sticas específicas que possam ajudar a diferenciar hidradenite de outras infecções.

- **Uso de IA para Apoio ao Diagnóstico**: Continuar utilizando IA para buscar estudos de caso semelhantes e dados cl ínicos adicionais que possam auxiliar na diferenciação do diagnó stico.

Dr. Marcos decide seguir a sugestão da IA e solicita uma consulta com um dermatologista, além de fazer uma cultura das lesões para descartar a possibilidade de infecção bacteriana.

## A Decisão Final

Com os resultados dos exames e a opinião do especialista, Dr. Marcos confirma o diagnóstico de hidradenite supurativa. Ele utiliza a IA novamente para ajudar na elaboração de um plano de tratamento, garantindo que as decisões sejam baseadas nas melhores práticas disponíveis.

**Prompt 4: "Sugira um plano de tratamento inicial para hidradenite supurativa leve, incluindo cuidados gerais e opções de tratamento médico."**

A IA forneceu o seguinte plano:

• **Cuidados Gerais**: Orientar o paciente a evitar roupas apertadas e manter a higiene da área afetada. Uso de compressas mornas para aliviar a dor e reduzir a inflamação.

• **Tratamento Médico**: Para hidradenite em estágio inicial, o tratamento pode incluir o uso de antibióticos tópicos, como clindamicina, além de retinoides orais ou tetraciclinas para reduzir a inflamação. Em casos de resistência ao tratamento inicial, considerar o uso de imunomoduladores.

• **Encaminhamento para Tratamento Adicional**: Em casos mais graves, a IA sugeriu considerar drenagem cirúrgica e, eventualmente, intervenção cirúrgica para remoção de tecidos afetados persistentemente.

## Conclusão

Este capítulo mostrou como a IA pode ser uma ferramenta valiosa para médicos enfrentando um cenário diagnóstico complexo e é tico, como no caso da hidradenite supurativa. Ao utilizar a IA, Dr. Marcos foi capaz de diferenciar a hidradenite de outras possíveis condições, evitando o risco de erro médico e o tratamento inadequado que poderia prejudicar seu paciente.

A IA, ao fornecer uma análise abrangente dos possíveis diagnó sticos e sugerir estratégias de confirmação, ajudou Dr. Marcos a navegar pelas incertezas inerentes ao processo diagnóstico. Este exemplo também destacou a importância do uso ético da IA na medicina, mostrando como ela pode complementar a experiência e o julgamento clínico dos profissionais de saúde, sempre colocando o bem-estar do paciente em primeiro lugar.

No próximo capítulo, vamos explorar como a IA pode auxiliar profissionais de outras áreas, como advogados corporativos e CEOs, na análise de riscos e na tomada de decisões estratégicas, ampliando o impacto da tecnologia em diferentes campos de atuação profissional.

# Capítulo 19: Análise de Exames e o Diagnóstico de Doenças Graves - Investigando a Possível Leucemia

Neste capítulo, vamos explorar como a inteligência artificial pode ser uma ferramenta essencial para médicos que precisam analisar uma grande quantidade de exames e identificar potenciais problemas de saúde. Vamos acompanhar o caso do Dr. Henrique, um clínico geral que está analisando os exames de um paciente dos últimos dois anos. O paciente forneceu mais de 30 documentos PDF, incluindo resultados de exames de sangue, bioquímica, e outros testes diagnósticos. Ao utilizar a IA para revisar esses exames, alguns marcadores preocupantes foram identificados, sugerindo o potencial para leucemia. Além disso, o paciente está relatando sintomas como fraqueza e tontura.

## Analisando os Marcadores para Identificar Possível Leucemia

Dr. Henrique usou a IA para analisar todos os resultados dos exames em um único documento consolidado. A IA identificou alguns marcadores que podem estar associados à leucemia, uma forma de câncer que afeta os glóbulos brancos. Vamos pontuar quais são esses marcadores e como eles indicam um possível risco:

**Prompt 1: "Analise os exames de sangue dos últimos dois anos e identifique possíveis marcadores que possam sugerir leucemia."**

A IA analisou os resultados e destacou os seguintes marcadores que indicam potencial risco de leucemia:

• **Leucócitos em Nível Elevado**: Houve uma variação significativa no número de leucócitos ao longo dos exames. Em alguns períodos, os níveis de leucócitos estavam anormalmente elevados, o que é um sinal de alerta, pois leucemia geralmente envolve proliferação excessiva de glóbulos brancos.

• **Anemia (Baixa Contagem de Hemoglobina e Eritrócitos)**: A presença de anemia foi detectada em alguns dos exames mais recentes, com níveis baixos de hemoglobina e eritró citos. Isso é preocupante, pois em muitos casos de leucemia, a produção de glóbulos vermelhos é prejudicada, resultando em anemia.

• **Trombocitopenia (Baixa Contagem de Plaquetas)**: A IA também observou que, nos exames mais recentes, a contagem de plaquetas estava abaixo do normal. A baixa quantidade de plaquetas pode indicar um problema na medula óssea, o que é típico em casos de leucemia, onde a medula é ocupada pelas células malignas, prejudicando a produção de plaquetas.

• **Presença de Blastos no Sangue Periférico**: Em um dos exames, a IA identificou a presença de células imaturas, conhecidas como blastos, no sangue periférico. Em condições normais, os blastos deveriam estar confinados à medula óssea, e sua presença no sangue pode indicar leucemia aguda.

Com base nesses achados, Dr. Henrique percebeu que há motivos suficientes para investigar melhor a possibilidade de leucemia. No entanto, ele precisa confirmar esse diagnóstico e entender se há outros fatores que possam estar contribuindo para os sintomas do paciente, como fraqueza e tontura.

## Investigação Complementar e Confirmação do Diagnóstico

Para prosseguir com a investigação, Dr. Henrique precisa fazer mais exames para confirmar ou descartar a hipótese de leucemia e entender melhor a condição do paciente. Ele decidiu usar a IA para ajudá-lo a definir quais seriam os próximos passos no processo diagnóstico.

**Prompt 2: "Liste os exames complementares necessários para investigar a possibilidade de leucemia, considerando os sintomas do paciente, como fraqueza e tontura."**

A IA sugeriu os seguintes exames e investigações complementares:

• **Mielograma (Aspiração e Biópsia da Medula Óssea):** O exame mais indicado para confirmar leucemia é a aspiração e biópsia da medula óssea. Ele permite avaliar a presença de células leucêmicas e determinar a extensão da doença.

• **Hemograma Completo e Esfregaço de Sangue Periférico**: Repetir o hemograma completo e realizar um esfregaço de sangue periférico para avaliar a morfologia das cé lulas sanguíneas e confirmar a presença de blastos.

• **Citometria de Fluxo**: Esse exame ajuda a identificar e classificar os tipos de células presentes no sangue e na medula óssea. Ele é essencial para definir o tipo de leucemia, caso o diagnóstico seja confirmado.

• **Cariótipo e FISH (Hibridização Fluorescente in Situ)**: Esses exames são usados para identificar alterações cromossômicas que possam estar associadas à leucemia, ajudando a definir o prognóstico e a orientar o tratamento.

• **Avaliação de Marcadores Inflamatórios e Metab ólicos**: Considerando os sintomas de fraqueza e tontura, a IA sugeriu também uma análise de marcadores inflamatórios e metab ólicos, como PCR (proteína C-reativa) e eletrólitos, para descartar outras causas possíveis dos sintomas, como infecções ou desequilíbrios eletrolíticos.

Dr. Henrique decidiu solicitar a biópsia da medula óssea para confirmar o diagnóstico e também realizar os outros exames complementares indicados pela IA. Esses testes permitirão obter uma visão mais precisa do estado do paciente e definir se realmente se trata de leucemia ou se outra condição pode estar causando os sintomas.

## Considerações Éticas: O Risco do Diagnóstico Errado

O uso da IA ajudou Dr. Henrique a identificar sinais que ele poderia não ter percebido devido à grande quantidade de exames. No entanto, há questões éticas envolvidas, principalmente em relação ao risco de um diagnóstico incorreto e as implicações disso para o paciente. Um diagnóstico errado de leucemia pode gerar um impacto emocional devastador e levar a tratamentos desnecessários, enquanto um diagnóstico não realizado a tempo pode resultar em progressão da doença sem intervenção adequada.

**Prompt 3: "Quais são os riscos e as implicações éticas de diagnosticar erroneamente uma leucemia, e como o médico pode minimizar esses riscos durante o processo de investigação?"**

A IA forneceu as seguintes considerações éticas:

• **Impacto Emocional no Paciente**: A suspeita de leucemia pode gerar grande ansiedade e preocupação no paciente. É fundamental que o médico seja transparente, explicando que os achados indicam a necessidade de investigação adicional, mas que o diagnóstico ainda não é definitivo.

• **Exames Invasivos e Riscos Associados**: A bió psia da medula óssea é um exame invasivo, e submeter um paciente a esse exame sem necessidade pode ser prejudicial. Por isso, é importante que o médico faça uma avaliação criteriosa dos riscos e benefícios, além de buscar uma segunda opinião, se necess ário.

•        **Tomada de Decisão Baseada em Evidências**: O médico deve evitar depender exclusivamente da IA para tomar decisões e, em vez disso, usar a IA como uma ferramenta complementar. A decisão final deve ser baseada em uma avaliação clínica completa, que leve em consideração todos os fatores envolvidos.

Para minimizar o risco de um diagnóstico errado, a IA sugeriu:

•        **Buscar uma Segunda Opinião**: Consultar um hematologista ou especialista em oncologia para revisar os resultados e discutir a melhor abordagem.

•        **Comunicação Clara com o Paciente**: Explicar ao paciente o que está sendo investigado e quais são os possíveis diagnósticos, sem alarmá-lo desnecessariamente, mas sendo honesto sobre a importância dos achados.

•        **Avaliar Outras Possíveis Causas**: Continuar investigando outras causas de fraqueza e tontura que não sejam relacionadas a leucemia, para garantir que nenhuma outra condição importante seja negligenciada.

Este capítulo mostrou como a IA pode ser um recurso valioso para médicos que precisam analisar grandes quantidades de dados e identificar sinais importantes em meio a muitos resultados de exames. No caso de Dr. Henrique, a IA foi capaz de detectar marcadores que poderiam indicar leucemia, ajudando o médico a priorizar a investigação e a considerar a possibilidade de uma doença grave que exigia atenção imediata.

A colaboração entre médico e IA não substitui o julgamento clínico, mas amplia a capacidade do profissional de saúde de identificar riscos e tomar decisões informadas, de forma a garantir o melhor cuidado possível ao paciente. Esse caso também destacou os aspectos éticos envolvidos no processo diagnóstico, mostrando que o uso da IA deve sempre ser acompanhado de um cuidado humano, que considere os impactos emocionais e físicos para o paciente.

# Capítulo 20: IA no Suporte à Enfermagem Oncológica - Curativos em Câncer de Pele Agressivo

Neste capítulo, vamos explorar como a inteligência artificial pode auxiliar enfermeiras em suas práticas diárias, especialmente quando enfrentam novos desafios. Vamos acompanhar o caso de Ana, uma enfermeira que começou recentemente a atender pacientes oncológicos e precisa aprender a realizar curativos em um paciente com câncer de pele agressivo. Ana quer garantir que os curativos sejam feitos de forma correta, auxiliando na recuperação do paciente e contribuindo para o seu bem-estar.

## O Desafio da Enfermagem em Oncologia

Ana está cuidando de um paciente com carcinoma espinocelular agressivo, um tipo de câncer de pele que pode causar feridas extensas, dolorosas e difíceis de tratar. Realizar curativos em um paciente oncológico requer conhecimento sobre os melhores materiais a serem utilizados, como prevenir infecções e como manejar a dor. Para garantir que está proporcionando o melhor cuidado, Ana decide utilizar a IA para obter recomendações detalhadas sobre os curativos e como eles podem ser usados para melhorar a qualidade de vida do paciente.

**Prompt 1: "Quais são as melhores práticas para realizar curativos em casos de câncer de pele agressivo, e como essas práticas podem auxiliar na recuperação do paciente?"**

A IA forneceu as seguintes orientações:

- **Uso de Curativos Não Aderentes**: Para prevenir dor durante a troca de curativos, a IA recomendou o uso de curativos não aderentes, como gaze com revestimento de silicone, que não gruda na ferida e, portanto, minimiza o trauma ao tecido ao ser removido.
- **Curativos Com Propriedades Antimicrobianas**: Em casos de feridas com risco elevado de infecção, utilizar curativos que contenham prata ou outros compostos antimicrobianos pode ser uma boa prática. Esses curativos ajudam a prevenir infecções, que são comuns em feridas de câncer de pele devido ao comprometimento imunológico do paciente.
- **Manter a Ferida Úmida**: Utilizar curativos que mantenham um ambiente úmido controlado pode acelerar a cicatrização. A IA sugeriu o uso de hidrocolóides ou alginatos, que ajudam a manter a ferida hidratada sem causar maceração, além de promover a reepitelização.
- **Controle da Dor**: A IA destacou a importância de controlar a dor durante os curativos. Isso pode ser feito aplicando anestésicos tópicos antes da troca do curativo e garantindo que a troca seja feita de forma cuidadosa, respeitando o ritmo do paciente para evitar sofrimento desnecessário.

## Contribuindo para o Bem-Estar do Paciente

Ana também está preocupada com o bem-estar geral do paciente. Além da cicatrização da ferida, é importante garantir que o paciente se sinta confortável e seguro durante o processo de tratamento.

**Prompt 2: "Quais medidas podem ser tomadas durante a realização dos curativos para melhorar o bem-estar físico e emocional do paciente com câncer de pele?"**

A IA forneceu as seguintes recomendações:

- **Comunicação Clara e Empática**: Explicar cada etapa do processo de troca do curativo antes de começá-lo ajuda a reduzir a ansiedade do paciente. Perguntar ao paciente sobre sua tolerância à dor e ajustar o procedimento conforme necessário cria um ambiente de confiança e cuidado.
- **Controle Ambiental**: Garantir que o ambiente esteja calmo, silencioso e em uma temperatura confortável durante a troca dos curativos. Música suave ou sons relaxantes podem ser oferecidos, caso o paciente deseje, para reduzir o estresse durante o procedimento.
- **Promoção da Autonomia do Paciente**: Envolver o paciente no processo, permitindo que ele participe quando possível — seja ajudando a segurar o curativo ou decidindo o

momento de fazer uma pausa — contribui para a sensação de controle sobre o próprio tratamento.

• **Alívio de Sintomas**: Além dos anestésicos tó picos, a IA sugeriu o uso de compressas frias ou mornas, conforme a preferência do paciente, para aliviar a dor e reduzir o desconforto antes ou depois do procedimento.

Essas medidas ajudaram Ana a entender que a abordagem não deve se limitar ao cuidado físico da ferida, mas também incluir a atenção ao conforto emocional do paciente. Isso é especialmente importante em pacientes oncológicos, que podem estar lidando com dor crônica e um impacto emocional significativo devido ao diagnóstico e ao tratamento.

## Uso da IA para Treinamento Contínuo

Ana também decidiu utilizar a IA para obter acesso a materiais de treinamento, já que ela ainda está se familiarizando com as melhores práticas para cuidados oncológicos.

**Prompt 3: "Forneça materiais de treinamento e orientações para enfermeiras sobre como realizar curativos em pacientes com câncer de pele."**

A IA sugeriu os seguintes materiais:

• **Guia de Curativos Oncológicos**: Forneceu um guia passo a passo que descreve como realizar curativos em feridas oncológicas, destacando os diferentes tipos de curativos e quando cada um deve ser usado.

• **Vídeos Educativos**: Indicou links para vídeos educacionais que demonstram a troca de curativos em diferentes tipos de feridas oncológicas, permitindo que Ana observe as té cnicas recomendadas e se familiarize com elas.

• **Lista de Verificação para Curativos**: Sugeriu uma lista de verificação que Ana pode usar durante os primeiros atendimentos, para garantir que todos os passos sejam seguidos e nada seja esquecido. Essa lista incluía a preparação dos materiais, o controle da dor, a limpeza da ferida, e a aplicação adequada do curativo.

Este capítulo mostrou como a IA pode ser uma ferramenta para enfermagem, profissionais que enfrentam desafios novos e complexos, como o atendimento a pacientes oncológicos. No caso de Ana, a IA forneceu recomendações práticas sobre como realizar curativos em casos de câncer de pele agressivo, focando tanto na cicatrização da ferida quanto no bem-estar geral do paciente.

Além disso, a IA ajudou Ana a ter acesso a materiais de treinamento e a melhorar suas habilidades, garantindo que ela possa oferecer um cuidado de alta qualidade e empático. A parceria entre a IA e a enfermagem mostra como a tecnologia pode ser usada para capacitar os profissionais de saúde, garantindo que estejam preparados para lidar com as necessidades dos pacientes de forma eficaz e humana.

# Capítulo 21: IA na Epidemiologia - Investigando um Possível Surto de Arenavírus

Neste capítulo, vamos explorar como a inteligência artificial pode ser usada na saúde pública para investigar a possibilidade de uma epidemia, especialmente quando há suspeitas de uma mutação viral. Vamos acompanhar o caso de Dr. Eduardo, um epidemiologista e secretário da saúde do seu município, que suspeita de uma possível mutação de um arenavírus. Essa mutação teria conferido ao vírus a capacidade de ser transmitido pelo ar através de aerossóis, algo incomum para os arenavírus. Dr. Eduardo possui dados epidemiológicos de diversas regiões rurais do Brasil e diagnósticos que podem ter sido erroneamente atribu ídos a outras doenças semelhantes. Diante de uma quantidade enorme de dados, ele decide usar a IA para entender se existe uma chance real de estar enfrentando uma epidemia e avaliar o grau de preparação dos serviços de saúde locais.

## Consolidando os Dados Epidemiológicos

Dr. Eduardo possui uma ampla base de dados que inclui registros de sintomas, diagnósticos preliminares, registros de internações e até informações de pacientes que poderiam ter recebido diagnó sticos errôneos de outras doenças com sintomas semelhantes. Esses dados estão distribuídos por regiões rurais do Brasil, onde há menos acesso a diagnósticos precisos e a infraestrutura de saú de é limitada.

Para entender se há indícios de uma epidemia, Dr. Eduardo decide consolidar todos esses dados e analisá-los de maneira abrangente. Ele utiliza a IA para tentar identificar padrões que possam indicar uma disseminação incomum de uma doença respiratória com características atípicas para um arenavírus.

**Prompt 1: "Analise os dados epidemiológicos de diversas regiões rurais do Brasil e identifique padrões que possam indicar uma disseminação incomum de uma doença viral respiratória com características semelhantes a um arenaví rus."**

A IA analisou os dados e forneceu os seguintes pontos de destaque:

• **Clusters de Sintomas Respiratórios**: A IA identificou a presença de clusters de pacientes com sintomas respiratórios severos, como febre alta, tosse e falta de ar, que foram registrados em várias localidades rurais. Esses clusters apresentavam um padrão temporal semelhante, indicando possí vel transmissão em cadeia.

• **Diagnósticos Errôneos Frequentes**: A análise também mostrou um número significativo de diagnósticos de "gripe severa" e "pneumonia bacteriana" em pacientes que apresentavam sintomas semelhantes. Os tratamentos com antibió ticos não foram eficazes na maioria dos casos, sugerindo que o diagnóstico pode ter sido inadequado e que a causa poderia ser viral.

• **Proximidade Geográfica e Sazonalidade**: Os casos foram detectados em regiões geograficamente próximas, e o aumento dos registros coincidiu com a época de colheita, um per íodo de intensa atividade agrícola e possível maior contato humano, sugerindo um potencial aumento na disseminação do ví rus através de aerossóis.

Com base nesses achados, Dr. Eduardo percebeu que havia motivos suficientes para suspeitar que algo incomum estava ocorrendo e que poderia realmente haver uma mutação do arenav írus em questão.

## Analisando a Possibilidade de Transmissão Aérea

Dr. Eduardo queria entender se a transmissão da doença realmente poderia ocorrer por aerossóis, algo que seria uma novidade para um arenavírus, e se havia dados suficientes que sugerissem essa hipótese. Ele também queria saber como confirmar a suspeita.

**Prompt 2: "Com base nos dados epidemiológicos analisados, há indícios de que o vírus possa ser transmitido por aerossóis? Que medidas podem ser tomadas para confirmar essa possibilidade?"**

A IA forneceu as seguintes análises e recomendações:

- **Padrões de Transmissão**: A IA identificou que a disseminação dos casos não estava associada a um contato próximo prolongado, como normalmente ocorre com os arenavírus. Em vez disso, os padrões de transmissão sugeriam que os casos poderiam estar ocorrendo em ambientes onde muitas pessoas estavam reunidas, como armazéns ou locais de trabalho. Isso sugeria a possibilidade de transmissão aérea.

- **Análise dos Fatores Ambientais**: A IA recomendou analisar fatores ambientais, como ventilação dos locais onde os clusters ocorreram, e a realização de amostras de ar nesses ambientes para verificar a presença do vírus. Esse tipo de análise pode ser feito coletando aerossóis e utilizando técnicas de PCR para identificar o RNA viral.

- **Rastreio de Contatos e Análise de Conexões**: A IA sugeriu que uma análise mais detalhada dos contatos dos pacientes poderia ser útil para confirmar se os casos estavam conectados sem a necessidade de contato físico direto, o que reforçaria a hipótese de transmissão por aerossóis.

Dr. Eduardo decidiu organizar uma coleta de amostras em áreas onde houve maior concentração de casos para verificar a presença do vírus em aerossóis, bem como iniciar um programa de rastreio de contatos para identificar o padrão de disseminação.

## Avaliando a Preparação dos Serviços de Saúde

Além de tentar confirmar se havia ou não uma epidemia em curso, Dr. Eduardo também precisava avaliar se as clínicas e hospitais da região estavam preparados para lidar com essa nova doença, caso a hipótese da mutação e transmissão aérea fosse confirmada.

**Prompt 3: "Avalie a capacidade dos serviços de saúde locais para lidar com uma possível epidemia de arenavírus transmitido por aerossóis, e sugira medidas que possam ser tomadas para preparar melhor os hospitais e clínicas diante desse cenário."**

A IA forneceu os seguintes pontos de avaliação:

•   **Capacidade de Isolamento**: A maioria das clínicas e hospitais rurais não possui infraestrutura adequada para isolar pacientes com doenças respiratórias de alta transmissibilidade. A IA recomendou que fossem criados espaços dedicados ao isolamento, mesmo que improvisados, para prevenir a disseminação intra-hospitalar.

•   **Equipamento de Proteção Individual (EPI)**: Muitos profissionais de saúde não estavam devidamente equipados com EPI adequado, como máscaras N95, que seriam necessárias para prevenir a infecção por um vírus transmitido por aerossóis. A IA sugeriu a distribuição urgente de EPIs, além de treinamentos sobre o uso correto.

•   **Capacitação dos Profissionais de Saúde**: A IA também sugeriu a realização de treinamentos rápidos para profissionais de saúde sobre os protocolos de atendimento e tratamento de doenças virais respiratórias. Isso incluía instruções sobre como reconhecer sinais de gravidade rapidamente, como manejar pacientes com insuficiência respiratória e como agir para minimizar riscos de contaminação cruzada.

• **Infraestrutura e Suporte Ventilatório**: Poucos hospitais da região possuíam ventiladores mecânicos suficientes para atender a uma demanda aumentada em caso de um surto. A IA recomendou que fosse feito um levantamento das necessidades de ventiladores e um plano de aquisição, além de estabelecer contatos com hospitais maiores para possíveis transfer ências de pacientes graves.

Dr. Eduardo percebeu que, embora houvesse uma estrutura bá sica de saúde na região, a preparação para lidar com uma possível epidemia era limitada, especialmente diante de uma doença respiratória grave. Ele decidiu iniciar imediatamente a capacitação dos profissionais de saúde, buscar recursos para equipamentos de proteção e planejar a criação de áreas de isolamento nos principais pontos de atendimento.

Este capítulo destacou como a IA pode ser uma ferramenta crucial para epidemiologistas e gestores de saúde pública, especialmente em cenários complexos e incertos, como a possível mutação de um arenavírus que se tornou transmissível por aerossóis. No caso de Dr. Eduardo, a IA permitiu a análise de uma grande quantidade de dados epidemiológicos, ajudando a identificar padrões que indicavam a possibilidade de uma nova forma de disseminação do vírus.

Além disso, a IA forneceu recomendações práticas para confirmar a hipótese de transmissão aérea e avaliou a capacidade dos serviços de saúde para lidar com uma possível epidemia, apontando as áreas que precisavam de melhorias urgentes.

A combinação da análise de dados com a implementação de medidas práticas mostra como a tecnologia pode ser usada para garantir uma resposta rápida e eficaz a possíveis ameaças à saúde pública.

# Capítulo 22: IA na Investigação Diagnóstica - Encontrando a Toxoplasmose

Neste capítulo, vamos acompanhar o caso de Dr. Renato, um clí nico geral que está atendendo um paciente que já havia sido tratado anteriormente com antibióticos, mas que voltou apresentando os mesmos sintomas. O paciente, João, teve seu problema diagnosticado como uma virose intestinal por médicos anteriores, mas o tratamento com antibióticos não surtiu efeito. Diante dos sintomas persistentes, Dr. Renato decide usar a IA para ajudá-lo a explorar hipóteses diagnósticas alternativas que ele ainda não havia considerado. O diagnóstico correto para o caso era toxoplasmose, mas essa possibilidade não foi inicialmente cogitada. Vamos ver como a IA pode ajudar Dr. Renato a chegar a esse diagnóstico, pedir os exames adequados, confirmar a toxoplasmose, e prescrever o tratamento correto, Bactrim F.

## Investigando os Sintomas e Considerando Hipóteses Diagnósticas

O paciente apresentou sintomas como dor abdominal, fadiga intensa, febre moderada e inchaço dos linfonodos, especialmente na região do pescoço. Esses sintomas são relativamente inespecí ficos, podendo ser confundidos com virose ou infecções bacterianas. O tratamento com antibióticos não teve sucesso, sugerindo que a hipótese inicial poderia estar incorreta.

Dr. Renato decide usar a IA para ajudá-lo a explorar outras hipó teses diagnósticas e não cometer o mesmo erro dos médicos anteriores.

**Prompt 1: "Com base nos sintomas apresentados - dor abdominal, febre, fadiga e inchaço dos linfonodos - liste possí veis diagnósticos diferenciais e quais exames devem ser realizados para confirmar cada uma das hipóteses."**

A IA forneceu os seguintes diagnósticos diferenciais:

• **Toxoplasmose:** Infecção causada pelo *Toxoplasma gondii*. Sintomas incluem febre, fadiga, dores musculares e linfonodos inchados, especialmente no pescoço.

• **Exames sugeridos:** Sorologia para *Toxoplasma gondii* (IgM e IgG), que permite detectar infecção recente ou exposição anterior.

• **Mononucleose Infecciosa:** Causada pelo vírus Epstein-Barr (EBV), que pode causar sintomas semelhantes aos descritos.

• **Exames sugeridos:** Sorologia para EBV, incluindo anticorpos IgM e IgG, e teste de função hepática.

• **Citomegalovírus (CMV):** Pode apresentar sintomas parecidos com os da mononucleose.

• **Exames sugeridos:** Sorologia para CMV.

• **Gastroenterite Parasitária:** Outras infecções parasitárias, como giardíase, podem causar dor abdominal e fadiga.

- **Exames sugeridos**: Exame parasitológico de fezes.

A IA, ao listar toxoplasmose como uma hipótese diferencial, chamou a atenção de Dr. Renato para a possibilidade de que o paciente estivesse sofrendo de uma infecção parasitária que não havia sido inicialmente considerada. Ele decidiu solicitar uma sorologia para *Toxoplasma gondii*, além de outros exames para descartar as demais possibilidades.

## Confirmando o Diagnóstico

Os exames revelaram a presença de anticorpos IgM positivos para *Toxoplasma gondii*, indicando uma infecção recente por toxoplasmose. Dr. Renato agora tinha o diagnóstico confirmado, mas precisava entender o tratamento mais adequado para garantir a recuperação do paciente.

**Prompt 2: "Qual é o tratamento recomendado para toxoplasmose em um paciente imunocompetente, considerando os sintomas apresentados?"**

A IA forneceu as seguintes orientações:

- **Tratamento com Sulfametoxazol-Trimetoprima (Bactrim F)**: Para pacientes imunocompetentes, o tratamento mais indicado é o uso de sulfametoxazol-trimetoprima, conhecido como Bactrim F. Este medicamento é eficaz contra o parasita *Toxoplasma gondii* e ajuda a reduzir os sintomas e a progressão da doença.

• **Duração do Tratamento**: A IA recomendou um período de tratamento de 4 a 6 semanas, dependendo da resposta clínica do paciente. O acompanhamento regular é necessário para avaliar a eficácia e ajustar a dose, se necessário.

• **Alívio Sintomático**: Além do tratamento com Bactrim F, a IA sugeriu o uso de analgésicos e antipiréticos para controlar a dor e a febre, conforme necessário.

Dr. Renato seguiu as recomendações da IA e iniciou o tratamento com Bactrim F, além de prescrever um analgésico para aliviar a dor abdominal do paciente.

## Contribuição da IA para o Diagnóstico e Tratamento

O uso da IA permitiu que Dr. Renato considerasse uma gama mais ampla de hipóteses diagnósticas, incluindo doenças que ele inicialmente não havia cogitado. A toxoplasmose é uma infecção relativamente comum, mas seus sintomas inespecíficos podem ser facilmente confundidos com outras condições, especialmente em ambientes onde diagnósticos rápidos são necessários e os recursos são limitados.

A IA também ajudou a identificar o tratamento mais adequado, evitando a repetição do erro de tratar o paciente com antibióticos inadequados, que não têm efeito sobre infecções parasitárias. Dessa forma, a IA se tornou um aliado essencial, proporcionando um processo diagnóstico mais completo e seguro.

## Considerações sobre o Erro Médico e a Ética do Diagnóstico

A história do paciente João destaca a importância da investigação correta e abrangente no diagnóstico médico. O erro diagnóstico inicial, tratando a toxoplasmose como uma virose intestinal, ilustra os desafios da medicina, especialmente quando os sintomas são inespecíficos.

**Prompt 3: "Quais são as implicações éticas de um erro diagnó stico como este, e como a IA pode ajudar a minimizá-los?"**

A IA forneceu as seguintes considerações éticas:

• **Impacto no Paciente**: O diagnóstico incorreto e o tratamento inadequado expuseram o paciente a riscos desnecessá rios, como o uso de antibióticos sem necessidade e a persistência dos sintomas. Isso aumentou o sofrimento do paciente e retardou o início de um tratamento eficaz.

• **Necessidade de uma Abordagem Abrangente**: O erro ocorreu porque os médicos anteriores não consideraram uma lista mais ampla de diagnósticos diferenciais. A IA pode ajudar a minimizar esses erros fornecendo uma análise abrangente e sistemática das possibilidades, sugerindo hipóteses que talvez não sejam imediatamente óbvias para o clínico.

• **Uso da IA como Ferramenta de Suporte**: A IA não substitui o julgamento clínico, mas atua como uma ferramenta de suporte, oferecendo uma lista de hipóteses que podem ser investigadas mais a fundo. Isso amplia a capacidade do médico de explorar diferentes possibilidades e tomar decisões informadas.

Com a ajuda da IA, Dr. Renato conseguiu fornecer um tratamento correto e eficaz, melhorando significativamente o estado de saúde de João. A experiência ilustrou como a IA pode ser uma ferramenta essencial para evitar erros diagnósticos e proporcionar um cuidado mais completo e assertivo.

## Conclusão

Este capítulo mostrou como a IA pode apoiar médicos na prática clínica, especialmente em casos de diagnóstico diferencial complicado, onde os sintomas são inespecíficos e o histórico do paciente pode ser confuso. No caso de João, a IA ajudou Dr. Renato a encontrar a hipótese correta, solicitar os exames adequados e iniciar o tratamento com Bactrim F, garantindo uma recuperação mais rápida do paciente.

A IA, ao atuar como um suporte ao processo diagnóstico, amplia a capacidade dos médicos de explorar hipóteses que poderiam ser negligenciadas e minimiza o risco de erros que podem ter consequências graves para os pacientes. A parceria entre inteligência artificial e inteligência humana se mostra cada vez mais promissora na busca por um atendimento de saúde mais eficiente, seguro e personalizado.

Depois desse giro pela medicina, vamos tratar de um tema que muitos querem saber e que a IA pode ajudar muito: investimentos. Os próximos capítulos vão auxiliar as pessoas a criarem estratégias de investimento, bem como auxiliar na sua matemática financeira.

# Capítulo 23: Planejamento Financeiro Pessoal com a IA - Revisando Gastos e Investindo de Forma Inteligente

Neste capítulo, vamos explorar como a inteligência artificial pode ser usada para ajudar João, um solteiro com um salário de 20 mil reais, a revisar seus gastos mensais e otimizar suas finanças. João possui um gasto fixo de 5 mil reais de aluguel, 1 mil com alimentação, 500 com mantimentos domésticos, 2 mil com um MBA, e parcelas de 5 mil reais no cartão de crédito. Ele deseja organizar melhor seus gastos, reduzir despesas desnecessárias e definir estratégias de investimento para alcançar maior segurança financeira e eventualmente aumentar seu patrimônio.

## Revisando os Gastos Mensais

João começou fornecendo à IA uma planilha com seus gastos mensais. Ele queria entender como poderia otimizar seu orçamento e encontrar maneiras de economizar para, eventualmente, direcionar mais dinheiro para investimentos.

**Prompt 1: "Analise meus gastos mensais e identifique áreas onde posso reduzir despesas e melhorar minha eficiência financeira."**

A IA analisou os gastos de João e destacou os seguintes pontos:

- **Aluguel (R$ 5.000,00)**: O gasto com aluguel representa 25% da renda mensal de João. Embora não esteja fora dos padrões aceitáveis, uma sugestão seria considerar a possibilidade de buscar uma moradia mais econômica, especialmente se João não tiver um vínculo emocional significativo com a atual residência. A redução de 20% no valor do aluguel economizaria cerca de R$ 1.000,00 por mês.

- **Cartão de Crédito (R$ 5.000,00)**: O valor gasto no cartão de crédito é significativo e parece ser uma área potencial de economia. A IA sugeriu uma revisão detalhada das despesas no cartão para identificar gastos supérfluos, como compras não essenciais ou lazer exagerado, que poderiam ser reduzidos.

- **MBA (R$ 2.000,00)**: O investimento no MBA é importante para o desenvolvimento profissional de João e não deve ser cortado. No entanto, a IA sugeriu que João verificasse se há opções de financiamento mais baratas ou bolsas parciais para reduzir o custo mensal.

- **Alimentação e Mantimentos (R$ 1.000,00 e R$ 500,00)**: Esses valores estão razoáveis, mas a IA sugeriu que João poderia economizar cerca de 10% a 15% ao optar por compras a granel, utilizar cupons de desconto e planejar melhor suas refeições.

Com base nessas sugestões, João identificou que poderia reduzir seus gastos em aproximadamente R$ 1.500,00 a R$ 2.000,00 por mês, principalmente ajustando o valor do aluguel e revisando as despesas do cartão de crédito.

## Criando um Plano de Investimento

Com a economia potencial identificada, João quer começar a investir de forma inteligente para aumentar seu patrimônio ao longo do tempo. Ele gostaria de definir um plano de investimento que considere seu perfil de risco e objetivos financeiros.

**Prompt 2: "Com base nas economias mensais previstas, sugira um plano de investimento que equilibre segurança e potencial de crescimento para um solteiro que quer aumentar seu patrimônio a longo prazo."**

A IA sugeriu a seguinte estratégia de investimento:

• **Reserva de Emergência (20% das economias - R$ 400,00/mês):** A IA recomendou que João direcionasse parte da economia mensal para a formação de uma reserva de emergência. Essa reserva deve ser suficiente para cobrir entre 6 e 12 meses dos gastos fixos de João e deve ser aplicada em um investimento de alta liquidez e baixo risco, como CDBs de liquidez diária ou um fundo DI.

• **Renda Fixa (30% das economias - R$ 600,00/mês):** Investir em títulos de renda fixa, como Tesouro Selic ou Tesouro IPCA+, proporcionaria a João um retorno previsível e proteção contra a inflação. Essa parte do investimento é ideal para manter um equilíbrio entre segurança e retorno.

• **Renda Variável (50% das economias - R$ 1.000,00/mês):** A IA sugeriu que João investisse parte das economias em ações e fundos de investimentos imobiliários

(FIIs), diversificando entre setores e empresas. Como João é jovem e possui um bom nível de renda, ele pode suportar uma exposição maior ao risco para buscar melhores retornos no longo prazo. Fundos de índice (ETFs) também são uma boa opção para diversificação com menos esforço.

## Automatizando o Controle Financeiro

João quer garantir que as mudanças financeiras que está implementando sejam sustentáveis ao longo do tempo. Para isso, ele deseja automatizar o controle de seus gastos e acompanhar seu progresso financeiro com facilidade.

**Prompt 3: "Como posso automatizar meu controle financeiro para garantir que estou cumprindo minhas metas de gastos e investimentos mensais?"**

A IA forneceu as seguintes sugestões:

• **Aplicativos de Controle Financeiro**: João pode usar aplicativos como Mobills, GuiaBolso ou YNAB, que permitem categorizar os gastos automaticamente e visualizar o progresso em relação às metas financeiras. Alguns desses aplicativos se conectam ao banco e cartões de crédito, facilitando a atualização dos dados.

• **Automatização dos Investimentos**: A IA sugeriu que João automatizasse os aportes mensais em seus investimentos. Ele pode configurar transferências automáticas para a corretora e criar regras para investir automaticamente nos ativos selecionados (renda fixa, ETFs e FIIs), garantindo consist ência e evitando que o dinheiro seja gasto de outra forma.

•     **Alertas e Notificações:** Utilizar alertas de limite de gasto em categorias específicas, como "lazer" ou "compras", ajudará João a evitar extrapolar o orçamento. Esses alertas podem ser configurados no próprio aplicativo bancário ou em aplicativos de controle financeiro.

Este capítulo mostrou como a IA pode ajudar João a revisar seus gastos mensais, identificar áreas onde é possível economizar, e criar um plano de investimento adequado ao seu perfil e objetivos. Ao reduzir o valor do aluguel, revisar as despesas do cartão de cré dito e otimizar os gastos do dia a dia, João consegue aumentar sua capacidade de poupança e direcionar mais recursos para investimentos que garantam seu futuro financeiro.

A IA também auxiliou na criação de um plano de investimento diversificado, que inclui reserva de emergência, renda fixa e renda variável, proporcionando um equilíbrio entre segurança e potencial de crescimento.

Com a automação do controle financeiro, João garante que as mudanças implementadas sejam sustentáveis e que ele esteja sempre avançando em direção às suas metas financeiras.

# Capítulo 24: IA no Apoio à Decisão de Investimento - A Análise de Startups em Saúde

Neste capítulo, vamos acompanhar o caso de Ricardo, um gestor de fundos que investe em startups do setor de saúde. Ricardo est á no meio do processo de escolha de duas empresas para investir, de um total de 15. Ele já realizou due diligences completas e possui todos os dados necessários, incluindo resultados dos ú ltimos dois anos e projeções financeiras para os próximos três anos. Ricardo já tem uma ideia clara de quais empresas gostaria de investir, mas decide utilizar a IA para ter uma segunda opinião e garantir que não está negligenciando algum detalhe importante. Ele descobre que uma de suas escolhas estava certa, mas a IA tamb ém trouxe uma nova perspectiva, fazendo-o considerar uma empresa que ele inicialmente havia deixado de lado.

## Consolidando os Dados e Utilizando a IA

Ricardo consolidou os dados financeiros e operacionais das 15 startups em uma planilha que incluía informações sobre:

- **Resultados dos Últimos Dois Anos**: Receita, lucro líquido, crescimento de clientes, e métricas de retenção.
- **Projeções para os Próximos Três Anos**: Projeções de crescimento, expansão de mercado, margens operacionais, e investimentos necessários.

• **Outras Informações da Due Diligence**: Equipe de liderança, inovações tecnológicas, patentes, e parcerias estraté gicas.

Ele queria garantir que estava tomando a decisão certa, e que não havia um viés que o fizesse perder alguma oportunidade promissora. Ricardo decidiu usar a IA para obter uma visão geral das empresas, ajudando-o a consolidar métricas e enxergar a perspectiva de valor a longo prazo de cada uma delas.

**Prompt 1: "Analise a planilha de resultados dos últimos dois anos e as projeções dos próximos três anos das 15 startups do setor de saúde, destacando as métricas mais promissoras para tomada de decisão de investimento."**

A IA analisou os dados e destacou as seguintes métricas para as 15 empresas:

• **Taxa de Crescimento Anual Composta (CAGR) da Receita**: Indicou quais empresas tiveram um crescimento mais acelerado nos últimos dois anos e quais projetavam continuar crescendo de forma consistente. A empresa "HealthInsight" mostrou um CAGR de 40%, significativamente maior que a mé dia do grupo, com uma tendência contínua de crescimento nos pr óximos três anos.

• **Margem Operacional**: Empresas que estavam conseguindo aumentar suas margens operacionais ao longo do tempo mostraram uma eficiência crescente. A IA destacou a empresa "MediConnect" por apresentar uma margem operacional crescente de 15% para 25%, demonstrando capacidade de monetizar sua base de clientes de forma eficiente.

• **Retenção de Clientes e LTV/CAC**: A IA identificou que a empresa "CareNova", que inicialmente Ricardo não tinha como uma de suas principais escolhas, apresentava uma excelente taxa de retenção de clientes e uma relação LTV (Valor de Vida do Cliente) sobre CAC (Custo de Aquisição de Cliente) superior a 4. Isso indicava que CareNova tinha um modelo de neg ócio sustentável e um forte potencial de crescimento.

## A Análise das Empresas Pré-Selecionadas

Ricardo já havia decidido investir na "HealthInsight", uma empresa que desenvolveu uma plataforma de análise de dados de saúde, mostrando um crescimento expressivo e uma base de clientes diversificada. A IA confirmou que essa era uma escolha s ólida, destacando o crescimento consistente da receita, a inovação tecnológica, e as parcerias estratégicas com grandes hospitais.

A segunda empresa na qual Ricardo estava inclinado a investir era a "MediConnect", uma startup que se focava na conectividade entre profissionais de saúde e pacientes através de um aplicativo que melhorava a comunicação e o acompanhamento médico. A IA fez uma análise aprofundada e destacou que, embora a MediConnect tivesse bons indicadores de crescimento, havia algumas preocupações com a sustentabilidade das margens, pois elas dependiam muito de parcerias que ainda não estavam solidificadas.

# A Perspectiva Alternativa - Uma Empresa Esquecida

Além de confirmar a viabilidade da HealthInsight, a IA sugeriu um olhar mais atento à empresa "CareNova", que inicialmente não estava na lista de Ricardo para investimentos. A CareNova focava em soluções de monitoramento remoto para pacientes crônicos, oferecendo um sistema de dispositivos conectados para acompanhamento da saúde em tempo real.

**Prompt 2: "Com base nos dados financeiros e operacionais, h á alguma empresa entre as 15 que apresenta indicadores que poderiam ter sido negligenciados e que merece uma consideração mais aprofundada para o investimento?"**

A IA destacou que CareNova, embora tivesse um crescimento de receita um pouco menor em comparação com HealthInsight, apresentava uma excelente retenção de clientes e um modelo de receita recorrente robusto. A taxa de retenção de CareNova estava em torno de 95%, e o LTV/CAC acima de 4 indicava que os clientes estavam dispostos a continuar usando o serviço por um longo período, gerando valor de forma consistente. Além disso, o mercado de monitoramento remoto estava em expansão, especialmente após a pandemia, quando os cuidados de saúde à distância se tornaram mais populares e necessários.

CareNova também possuía parcerias estratégicas com seguradoras, algo que ainda não havia sido bem explorado, mas que poderia representar um importante canal de crescimento nos próximos anos. Isso demonstrou um potencial de valorização que Ricardo não havia percebido inicialmente.

## Redefinindo a Decisão

Com base nas recomendações da IA, Ricardo decidiu manter o investimento na HealthInsight, mas reconsiderar a segunda empresa. MediConnect, apesar de promissora, ainda dependia de muitas variáveis incertas. Por outro lado, CareNova apresentou um modelo de negócio sólido, excelente retenção de clientes, e um mercado em crescimento que oferecia segurança e potencial de valorização.

Ricardo tomou a decisão de investir na HealthInsight e na CareNova, focando tanto no crescimento acelerado quanto na sustentabilidade e retenção de clientes. A perspectiva fornecida pela IA ajudou a garantir que Ricardo não estivesse apenas seguindo suas impressões iniciais, mas fazendo uma análise baseada em dados consolidados e métricas críticas.

Este capítulo mostrou como a IA pode ser uma ferramenta para gestores de fundos que precisam analisar grandes quantidades de dados e tomar decisões estratégicas de investimento. No caso de Ricardo, a IA ajudou a confirmar uma de suas escolhas iniciais e trouxe uma nova perspectiva, destacando uma empresa que tinha sido inicialmente subestimada, mas que apresentava um excelente potencial de valorização e retenção de clientes.

A IA proporcionou uma segunda opinião valiosa, baseada em mé
tricas objetivas e projeções de mercado, garantindo que Ricardo
pudesse tomar uma decisão mais informada e equilibrada. A
inteligência artificial não substituiu o julgamento e a intuição de
Ricardo, mas complementou sua análise, destacando informações
que poderiam passar despercebidas e ajudando a maximizar o
potencial de sucesso dos investimentos.

# Capítulo 25: IA e Análise Gráfica - Decidindo a Troca de Ações em um Fundo

Neste capítulo, vamos acompanhar o trabalho de Marcelo, um grafista que utiliza análise gráfica para decidir sobre a composição da carteira de um fundo de ações. Ele utiliza gráficos de velas (candlestick charts) para analisar o desempenho das ações e decidir quais manter ou trocar no próximo trimestre. Marcelo já possui uma análise preliminar dos gráficos das ações da carteira, mas gostaria de uma segunda opinião. Ele busca identificar oportunidades para adicionar novas ações ao portfólio e definir quais podem ser removidas, com base nos padrões gráficos identificados.

## Analisando os Gráficos de Velas com a IA

Marcelo preparou os gráficos de velas das ações atuais na carteira e de algumas outras empresas que ele estava considerando adicionar. Ele precisa de insights sobre tendências, níveis de suporte e resistência, e possíveis formações de velas que indiquem reversão ou continuidade da tendência.

**Prompt 1: "Analise os gráficos de velas das ações atuais e das empresas candidatas para identificar padrões que indiquem quais ações devem ser mantidas, removidas ou adicionadas à carteira no próximo trimestre."**

A IA analisou os gráficos fornecidos e destacou os seguintes pontos:

- **Ações a Serem Mantidas:**
- **Empresa A (Indústria Farmacêutica):** A ação da Empresa A apresentou um padrão de "Triângulo Ascendente", sugerindo uma potencial quebra de resistência em breve. O volume de negociação também aumentou nos últimos dias, reforçando a expectativa de uma continuação da tendência de alta. A IA recomendou manter essa ação, pois há uma boa possibilidade de valorização.
- **Empresa B (Setor de Tecnologia):** A Empresa B estava formando um padrão de "Martelo Invertido" em uma região de suporte importante, indicando uma possível reversão de tendência após um período de queda. A IA sugeriu que a ação deveria ser mantida, pois havia sinais de recuperação e potencial de retomada da valorização.
- **Ações a Serem Removidas:**
- **Empresa C (Energia):** O gráfico da Empresa C apresentava uma formação de "Cabeça e Ombros", um padrão cl ássico de reversão de tendência que indica que uma tendência de alta pode estar terminando. Além disso, a quebra do suporte com aumento de volume era um sinal de enfraquecimento. A IA recomendou a remoção dessa ação para evitar perdas em um possí vel movimento descendente.
- **Empresa D (Varejo):** A Empresa D estava consolidando em uma faixa de preço estreita, mas com volume decrescente, indicando falta de força dos compradores. A IA

considerou que a falta de direção clara e a ausência de sinais de retomada justificavam a remoção da ação, liberando espaço para ativos com maior potencial de valorização.

- **Ações a Serem Adicionadas:**
- **Empresa E (Saúde Digital):** A ação da Empresa E apresentou um "Padrão de Bandeira" após uma forte alta, sinalizando uma continuação da tendência de alta. O volume durante o movimento de consolidação era baixo, o que reforçava a expectativa de um novo movimento de alta em breve. A IA recomendou considerar a adição dessa ação, pois o padrão indicava que o ativo estava em um ponto de correção saudável e pronto para retomar a tendência de alta.
- **Empresa F (Energia Renovável):** O gráfico da Empresa F mostrava um "Engolfo de Alta" logo acima de uma m édia móvel importante, com o volume confirmando a força dos compradores. A IA sugeriu adicionar essa ação à carteira, pois havia sinais de uma potencial valorização e a empresa estava em um setor com perspectivas positivas de longo prazo.

## Insights e Estratégias para a Troca de Ações

Marcelo ficou impressionado com a profundidade dos insights fornecidos pela IA e decidiu aprofundar a análise de algumas das empresas destacadas. Ele queria garantir que as decisões não fossem baseadas apenas nos padrões gráficos, mas também tivessem respaldo em dados fundamentais.

**Prompt 2: "Forneça uma visão adicional sobre os fundamentos das empresas E e F para verificar se os padrões gráficos são suportados por fundamentos sólidos e perspectivas de longo prazo."**

A IA forneceu as seguintes informações:

- **Empresa E (Saúde Digital):** A Empresa E estava em crescimento acelerado, com aumento de receita anual de 35% e uma base de clientes crescente, especialmente em serviços de telemedicina. O setor de saúde digital estava em expansão, impulsionado pelo aumento da demanda por soluções de atendimento remoto, especialmente após a pandemia. A IA confirmou que os fundamentos suportavam o padrão gráfico de alta, indicando um bom potencial de crescimento.

- **Empresa F (Energia Renovável):** A Empresa F estava beneficiando-se de políticas governamentais de incentivo à energia limpa e apresentava um crescimento consistente na capacidade de geração. As receitas da empresa estavam aumentando e as margens operacionais estavam em melhora contínua, impulsionadas por uma eficiente gestão de custos. A IA sugeriu que os fundamentos também reforçavam a decisão de adicionar essa ação ao portfólio.

Com essas informações adicionais, Marcelo teve mais confiança para fazer as mudanças necessárias na carteira do fundo.

## Decisão Final e Rebalanceamento da Carteira

Com as análises gráficas e os fundamentos confirmados, Marcelo decidiu seguir a recomendação da IA. Ele optou por manter as ações da Empresa A e Empresa B, remover as ações da Empresa C e Empresa D, e adicionar as ações da Empresa E e Empresa F ao portfólio.

Esse rebalanceamento visava melhorar a exposição do fundo a setores em crescimento (como saúde digital e energia renovável) e reduzir a exposição a ativos que apresentavam sinais de enfraquecimento. A utilização da IA ajudou Marcelo a tomar decisões embasadas, utilizando tanto a análise técnica quanto os fundamentos das empresas para garantir que as escolhas fossem sustentáveis no longo prazo.

Grafistas e analistas técnicos, que precisam tomar decisões complexas sobre a composição de carteiras de ações, podem se beneficiar de segundas opiniões com a ajuda da IA.

No caso de Marcelo, a IA ajudou a identificar padrões gráficos que indicavam quais ações deveriam ser mantidas, removidas ou adicionadas à carteira. Além disso, ao combinar a análise técnica com os fundamentos das empresas, a IA forneceu uma visão holí stica, ajudando a garantir que as decisões fossem consistentes e bem fundamentadas.

A parceria entre análise gráfica e IA não substitui o conhecimento e a experiência do grafista, mas complementa suas capacidades, fornecendo uma análise mais ampla e reduzindo o risco de decisões baseadas apenas em impressões iniciais ou tendências de curto prazo.

No próximo capítulo, vamos explorar como a IA pode ser usada para a criação de estratégias automatizadas de trading, ajudando traders a definir parâmetros baseados em análise técnica e fundamental, com o objetivo de criar robôs que operem no mercado de forma eficiente e com controle de risco.

# Capítulo 26: IA e Análise Fundamentalista - Interpretando os Cenários Econômicos Globais

Neste capítulo, vamos abordar a análise fundamentalista realizada por Fabrício, um gestor que utiliza informações de diversos ó rgãos econômicos para tomar decisões sobre investimentos em setores específicos. Fabrício analisa atas do Comitê de Política Monetária (COPOM), do Federal Open Market Committee (FOMC) do FED, atas do Banco Central Europeu (BCE), relató rios de think tanks, resultados consolidados, boletins como o FOCUS, e outros documentos que ajudam a entender o cenário macroeconômico. Ele precisa de uma análise fundamentada que o ajude a identificar os melhores setores para investir, com base em tendências econômicas e políticas monetárias globais.

## Contexto Econômico Atual

Recentemente, as atas das reuniões do COPOM e do FOMC indicam um cenário de incerteza em relação à política de juros no futuro próximo. No caso do FOMC, a decisão de manter a taxa de juros entre 5,25% e 5,50% foi unânime, com Jerome Powell destacando a necessidade de mais dados positivos antes de considerar cortes nas taxas de juros. No entanto, houve um sentimento mais "dovish" (ou seja, favorável a uma flexibilização), com o presidente do Fed afirmando que em algum momento será apropriado diminuir as restrições políticas. Ao mesmo tempo, os dados recentes mostram um aumento nas expectativas inflacionárias e um crescimento do emprego maior do que o esperado, o que pode justificar a manutenção das taxas mais altas por um período mais longo .

Já no Brasil, as atas do COPOM indicam que, embora o cenário seja de desinflação, a inflação ainda está acima da meta de 3%. Projeções de inflação de 4,3% para 2024 refletem uma tentativa de manter o controle, mas há preocupações sobre a capacidade de atingir a meta em um ambiente macroeconômico global incerto .

Esses dados indicam uma abordagem cautelosa dos bancos centrais ao redor do mundo, com possíveis divergências entre as expectativas do mercado e a realidade. Enquanto o mercado nos EUA chegou a precificar até quatro cortes de juros para 2024, as atas do FOMC mostram uma postura mais conservadora, com o banco central se movendo de forma lenta e cuidadosa para evitar uma queda brusca na atividade econômica.

## Análise dos Setores e Estratégia de Investimento

Com base nessas informações, Fabrício gostaria de entender como o cenário global afeta diferentes setores da economia e quais são as melhores oportunidades de investimento. A IA pode ajudar Fabrício a consolidar esses dados e fornecer insights estraté gicos.

- **Setor de Energia:** Dado o contexto de juros altos por um período prolongado, empresas de energia renovável podem ser uma opção defensiva interessante. O setor tem se beneficiado de incentivos governamentais e, apesar das pressões inflacionárias, a demanda por energia limpa deve permanecer forte devido aos compromissos globais com a redução de emissões.

• **Setor de Tecnologia**: O mercado de tecnologia nos EUA, refletido pelo índice Nasdaq, tem enfrentado volatilidade devido à política de juros. No entanto, a perspectiva de juros mais baixos no longo prazo pode reativar o apetite por ativos de crescimento, tornando este setor interessante para posições de longo prazo, especialmente em empresas que estão investindo em inovação e que possuem uma base de clientes só lida.

• **Setor de Saúde**: Com o envelhecimento populacional e a crescente demanda por serviços de saúde, o setor pode se beneficiar de políticas de estímulo ao acesso. Empresas de tecnologia em saúde, especialmente aquelas focadas em telemedicina e monitoramento remoto de pacientes, estão bem posicionadas para crescer neste cenário. A perspectiva inflacioná ria mais controlada também favorece a manutenção de custos operacionais mais baixos.

• **Setor de Consumo**: A análise de indicadores como o índice de gestores de compras (PMI) sugere um enfraquecimento da demanda no curto prazo, especialmente em setores cíclicos, como varejo e bens de consumo discricionários. Portanto, seria prudente evitar uma exposição muito alta a esse setor, pelo menos até que haja mais clareza sobre a trajetória dos juros.

## Utilização da IA

Fabrício usa a IA para consolidar os dados das atas dos bancos centrais, boletins econômicos e relatórios de mercado para obter uma visão clara sobre como cada setor está posicionado diante das políticas monetárias globais. A IA sugere que, dada a postura cautelosa dos bancos centrais, uma abordagem equilibrada entre ativos de crescimento (tecnologia e saúde) e ativos defensivos (energia) pode ser a melhor estratégia. Além disso, a IA ajuda a identificar possíveis empresas dentro desses setores que estejam em boa posição para crescer, levando em consideração indicadores financeiros e estratégias de expansão.

A utilização da IA permite a Fabrício ter uma visão holística e baseada em dados fundamentados, garantindo que as suas decisões de investimento sejam embasadas nas melhores informações disponíveis, evitando exageros de expectativas de mercado e apostando em uma carteira bem diversificada.

# Capítulo 27: Disciplina Financeira e o Poder dos Juros Compostos - A Jornada de Márcio para Alcançar Milhões

Para ajudar Márcio, que quer investir 1.000 reais por mês e alcançar milhões ao final de 20 anos, é essencial considerar uma estratégia que combine disciplina e bons rendimentos. Vamos analisar como ele pode alcançar esse objetivo, considerando os diferentes fatores que podem impactar a acumulação de patrimônio.

## Entendimento dos Objetivos e Perfil de Risco

O primeiro passo para Márcio é definir o perfil de risco. Como ele tem 25 anos e está pensando em um horizonte de 20 anos, ele pode ter uma maior tolerância ao risco, o que permite buscar investimentos que ofereçam retornos mais elevados. Isso pode incluir:

• Renda Variável: Investimentos como ações e fundos de índice (ETFs), que são voláteis, mas tendem a gerar retornos mais altos no longo prazo.

• Renda Fixa: Parte do valor investido poderia ser alocado em produtos como Tesouro IPCA+, CDBs de bancos menores (que oferecem taxas mais atrativas), para garantir um rendimento estável e proteção contra a inflação.

## Alocação Mensal dos Recursos

Márcio planeja investir 1.000 reais por mês. Para atingir seu objetivo de ter milhões ao final de 20 anos, a escolha dos ativos e a rentabilidade média são cruciais. Vamos explorar um cenário considerando uma taxa de retorno média de 10% ao ano, que é uma média razoável de um portfólio equilibrado de renda fixa e variável.

- Montante Acumulado em 20 Anos:
Podemos usar a fórmula do montante acumulado de uma série de aportes mensais:

Onde:
- (aporte mensal)
- (taxa de juros mensal aproximada, considerando 10% ao ano)
- (total de meses)

Fazendo os cálculos, o valor futuro (FV) seria aproximadamente 760.000 reais. Esse montante ainda não chega a milhões, mas se considerarmos possíveis valorizações maiores em certos anos ou se a rentabilidade média for superior (como 12-15%), o objetivo de alcançar milhões é possível.

## Estratégias de Investimento para Alcançar Melhores Resultados

Para melhorar as chances de alcançar milhões, algumas estratégias podem ser adotadas:

- Aportes Adicionais: Se possível, Márcio poderia realizar aportes extras sempre que tiver um aumento de renda ou recebimentos adicionais (como bônus ou restituições de impostos).

- Aproveitar o Crescimento dos Dividendos: Investir em empresas que pagam dividendos consistentemente pode ajudar a reinvestir esses proventos, acelerando o crescimento do patrimônio.

- Rebalanceamento de Carteira: Anualmente, ou em períodos regulares, ele deve rebalancear a carteira de investimentos para garantir que a alocação esteja alinhada com seus objetivos e perfil de risco. O rebalanceamento ajuda a manter o risco controlado e a aproveitar diferentes fases do mercado.

## Aproveitar o Poder dos Juros Compostos

Os juros compostos são a chave para alcançar um crescimento exponencial ao longo do tempo. Quanto maior a taxa de retorno e mais tempo o dinheiro permanecer investido, maior será o impacto dos juros sobre o montante total. Por isso, a disciplina e a consistência nos aportes são fundamentais para que o capital de Márcio cresça de forma robusta ao longo dos 20 anos.

## Exemplos de Alocação

Uma alocação diversificada poderia ser assim:

- 50% em Renda Variável: ETFs que replicam o Ibovespa ou o S&P 500, ações de empresas sólidas e fundos imobiliários (FIIs).
- 30% em Renda Fixa: Tesouro IPCA+ e CDBs de longo prazo com taxas atrativas.
- 20% em Alternativos: Márcio poderia considerar criptomoedas, fundos de investimento no exterior, ou investimentos em startups, dependendo da sua tolerância ao risco.

## Automação dos Investimentos

Márcio pode automatizar seus investimentos para garantir que todos os meses 1.000 reais sejam investidos de forma disciplinada. Muitas corretoras oferecem opções de débito automático que podem ser configuradas para investir em ativos específicos ou fundos, tornando o processo mais simples e garantindo a consistência.

## Revisão e Acompanhamento

Ao longo dos anos, é importante que Márcio revise sua estratégia de investimento e acompanhe as mudanças no mercado. Algumas recomendações são:

- Acompanhar a Economia: Mudanças na taxa Selic, inflação e políticas econômicas podem afetar diretamente o retorno dos investimentos. Fazer pequenos ajustes na carteira quando necessário ajudará a maximizar os retornos.

- Educação Continuada: Continuar aprendendo sobre investimentos, participando de cursos e acompanhando especialistas. Márcio poderia seguir plataformas de educação financeira, como a Suno Research ou Empiricus, para manter-se atualizado sobre melhores estratégias e oportunidades no mercado.

## Simulador de Crescimento

Utilizando um simulador financeiro, Márcio poderia ter uma visão clara de como suas contribuições mensais crescem ao longo do tempo. Existem várias ferramentas online, como simuladores do Tesouro Direto ou de corretoras, que permitem visualizar o poder dos juros compostos sobre aportes regulares.

Márcio tem uma ótima oportunidade de alcançar um patrimônio significativo em 20 anos, mas para atingir o patamar de milhões, ele precisará de uma estratégia consistente de investimento, uma diversificação inteligente, e aproveitar o poder dos juros compostos. A disciplina em manter os aportes mensais e buscar uma rentabilidade média razoável, de cerca de 10% a 12% ao ano, é o que pode ajudar a transformar essa meta em realidade.

# Capítulo 28: IA na Estratégia Criminal - A Defesa de Emanuela

Neste capítulo, vamos conhecer Emanuela, uma advogada criminal com grande determinação e expertise, que está encarregada de um caso extremamente desafiador. Seu cliente está sendo acusado de diversos crimes graves, incluindo formação de quadrilha, assalto à mão armada e sequestro relâmpago. Apesar das dificuldades, Emanuela quer montar uma estratégia robusta para reduzir as penas de seu cliente, buscando os melhores recursos legais disponíveis, sempre dentro dos limites da lei e da ética profissional. A IA entra como uma ferramenta poderosa para auxiliá-la na construção de uma defesa detalhada e eficaz.

## O Cenário e os Desafios Legais

Emanuela precisa atuar de forma estratégica, considerando cada acusação que pesa contra seu cliente. O caso envolve acusações múltiplas, o que significa que ela precisará examinar não apenas as provas, mas também as possíveis fraquezas na acusação, identificando pontos onde a defesa pode ser fortalecida.

•     Formação de Quadrilha: A acusação de formação de quadrilha implica na associação com fins criminosos. Emanuela precisará analisar as provas da acusação que buscam estabelecer a conexão de seu cliente com outros membros. A IA pode ser utilizada para organizar, estruturar e revisar documentos, verificando se há alguma incoerência nas evidências apresentadas que possa ser usada a favor do cliente.

•     Assalto à Mão Armada e Sequestro Relâmpago: Estes são crimes violentos, e a defesa precisa abordar várias possibilidades. Emanuela buscará avaliar se há falhas nas testemunhas oculares ou inconsistências nas provas físicas. A IA pode ajudar identificando padrões nos depoimentos e nas provas que não se alinhem, o que pode enfraquecer a acusação.

## Construindo a Estratégia de Defesa com a Ajuda da IA

Emanuela decide utilizar a IA em várias etapas do processo de construção de sua estratégia de defesa, utilizando suas capacidades para automatizar partes do trabalho, analisar grandes volumes de dados, e buscar jurisprudências e precedentes que possam ser úteis.

1. Revisão de Provas e Documentos
Emanuela começa alimentando a IA com todos os documentos, depoimentos e provas apresentados pela acusação. A IA utiliza técnicas de análise de texto e reconhecimento de padrões para identificar contradições nos depoimentos das testemunhas e discrepâncias nos horários descritos pelos policiais e testemunhas.

•     Prompt Utilizado: "Analise os depoimentos das testemunhas e verifique se há inconsistências nas declarações de horários e eventos."

Com esse comando, a IA identificou que havia uma diferença significativa entre o horário descrito por uma testemunha e o que foi apresentado por outra pessoa que também estava no local. Esse ponto pode ser explorado para questionar a credibilidade da acusação.

2. Pesquisa de Jurisprudência e Precedentes
Emanuela sabe que reduzir a pena é possível se for argumentado de forma eficaz que o cliente teve um papel secundário nos crimes. A IA é utilizada para buscar jurisprudência em casos semelhantes onde os acusados obtiveram redução de pena devido a participação menor.

• Prompt Utilizado: "Pesquise jurisprudências nos tribunais estaduais e federais onde houve redução de pena para acusados que desempenharam papel secundário em casos de assalto e sequestro relâmpago."

A IA retorna com vários precedentes, onde os réus tiveram suas penas significativamente reduzidas ao demonstrar que não estavam diretamente envolvidos no planejamento ou que não eram os principais executores dos crimes. Emanuela decide usar esses precedentes em sua argumentação para buscar uma pena mais branda.

3. Contestação de Evidências sem Provas Concretas
Em relação à formação de quadrilha, Emanuela decide contestar as provas que estabelecem a associação do cliente com outros

membros do grupo. A acusação se baseia em interceptações telefônicas e trocas de mensagens.

• Prompt Utilizado: "Analise as transcrições das interceptações e verifique se há evidências claras que demonstrem, sem ambiguidades, a participação ativa do cliente no planejamento dos crimes."

A IA analisa as transcrições e identifica que as mensagens são vagas e não mencionam diretamente qualquer planejamento específico dos crimes em questão. Esse ponto permite que Emanuela argumente que a simples presença de trocas de mensagens não é suficiente para estabelecer a participação do cliente em um esquema criminoso.

4. Construção da Argumentação Final
Com todas as informações reunidas, Emanuela monta sua argumentação focando nos seguintes pontos:

• Ausência de Provas Diretas: Emanuela argumenta que não há provas diretas que estabeleçam o papel do cliente como membro ativo da quadrilha. As interceptações e mensagens são circunstanciais e não confirmam participação no planejamento ou execução dos crimes.
• Papel Secundário no Assalto: Utilizando os precedentes identificados pela IA, Emanuela argumenta que seu cliente teve um papel secundário no assalto e no sequestro relâmpago, o que justifica uma redução de pena. O cliente não era

o líder e não estava armado no momento do crime, conforme relatos.

• Contradições nos Depoimentos: Emanuela aponta as inconsistências encontradas nos depoimentos das testemunhas, questionando a credibilidade das mesmas. Isso é fundamental para semear dúvidas na narrativa apresentada pela acusação.

## O Resultado

Com a ajuda da IA, Emanuela conseguiu construir uma defesa robusta, identificando pontos fracos na acusação e utilizando precedentes que ajudaram a reduzir a pena do cliente. Embora a gravidade dos crimes dificultasse uma absolvição total, Emanuela foi capaz de obter uma significativa redução de pena, argumentando que não havia provas concretas para sustentar algumas das acusações e que seu cliente teve um papel secundário nos crimes.

Este capítulo mostrou como a IA pode ser uma aliada importante para advogados em casos complexos, auxiliando na análise de grandes volumes de dados, identificação de inconsistências e na pesquisa de precedentes jurídicos. A atuação de Emanuela demonstra que, mesmo em casos difíceis, a tecnologia pode ajudar a construir estratégias de defesa eficazes, explorando todas as possibilidades legais e buscando sempre o melhor resultado para o cliente.

# Capítulo 29: Depuração e Segurança com a Ajuda da IA - O Desafio de um Programador com Prazo Apertado

Neste capítulo, vamos acompanhar a história de Lucas, um programador que está enfrentando uma situação muito comum no mundo da programação: depois de um dia inteiro de trabalho, ele se depara com um bug que não consegue resolver, e o prazo do projeto está estourando. Para complicar ainda mais, Lucas também precisa revisar e corrigir possíveis falhas de segurança que não tinha previsto antes. O bug parece estar em uma linha específica do código, mas o problema, na verdade, está em algum ponto anterior, talvez numa lógica que não está funcionando como deveria. A inteligência artificial se torna um poderoso aliado de Lucas nesse momento crítico.

Vamos explorar os prompts que Lucas pode utilizar para identificar o bug e reforçar a segurança do projeto, evidenciando o poder da IA para programadores em situações de alto estresse.

## Encontrando o Bug Escondido

Lucas sabe qual linha está causando o erro, mas a questão é que o bug não está diretamente nessa linha; algo no meio do caminho pode ter sido mal implementado, resultando em um comportamento inesperado. Para isso, ele decide utilizar a IA para uma análise profunda.

**Prompt 1: "Identifique possíveis razões para o comportamento incorreto a partir do erro que aparece na linha X. O problema pode estar em funções ou variáveis definidas anteriormente no código."**

Com esse prompt, a IA pode analisar toda a lógica anterior que leva até a linha problemática. A IA sugere possíveis razões que podem incluir:

• **Incompatibilidade de tipos de dados**: Uma variá vel pode ter sido alterada em algum ponto do código e não estar no tipo correto quando chega à linha do erro.

• **Escopo de Variáveis**: A variável usada pode ter sido redeclarada em um escopo diferente, levando ao comportamento inesperado.

• **Erro na Lógica de Controle**: Alguma condição, como um if ou else, pode não ter sido corretamente implementada, fazendo com que a execução chegue a um estado que não deveria.

Lucas, então, decide detalhar mais o comportamento específico que está ocorrendo.

**Prompt 2: "Analise a função funcaoY para verificar se ela está retornando os valores esperados. Quais são os possíveis pontos de falha dessa função considerando que a linha X depende dela?"**

A IA analisa a função funcaoY e verifica se há inconsistências em retornos ou se alguma exceção pode estar sendo gerada sem ser tratada corretamente. Lucas recebe uma análise detalhada sobre os possíveis pontos de falha, como:

• **Retornos inconsistentes**: A função pode estar retornando valores que não são compatíveis com o tipo esperado pela linha X.

• **Tratamento inadequado de exceções**: Falta de um try...catch em pontos críticos da função, o que pode resultar em comportamentos inesperados.

## Reforçando a Segurança do Código

Além do bug, Lucas precisa corrigir falhas de segurança que não haviam sido previstas. Ele precisa garantir que o código esteja seguro contra ataques comuns, como injeção de SQL, vazamento de dados sensíveis e outros problemas de segurança.

**Prompt 3: "Revise o código para identificar possíveis vulnerabilidades de segurança. Indique pontos que possam ser suscetíveis a injeção de SQL, XSS, ou outros tipos de ataques."**

A IA fornece uma análise de segurança, destacando pontos vulner áveis no código:

- **Injeção de SQL**: A IA identifica consultas SQL concatenadas diretamente com entradas de usuários e recomenda a utilização de consultas parametrizadas para evitar o risco de injeção.
- **Cross-Site Scripting (XSS)**: A IA aponta trechos onde dados do usuário estão sendo exibidos diretamente no frontend sem qualquer sanitização. Recomenda o uso de bibliotecas de sanitização para impedir que scripts maliciosos sejam executados.
- **Exposição de Dados Sensíveis**: A IA verifica se h á dados sensíveis, como senhas ou chaves de API, sendo armazenados diretamente no código. Recomenda o uso de variá veis de ambiente e criptografia para proteger essas informações.

**Prompt 4: "Sugira boas práticas para melhorar a segurança do código, incluindo autenticação, autorização e criptografia."**

Com esse prompt, a IA oferece recomendações detalhadas, como:

- **Autenticação e Autorização**: Implementar autenticação robusta usando OAuth2 ou outro protocolo seguro. Garantir que as rotas tenham verificação de autorização adequada para evitar acesso indevido.
- **Criptografia**: Utilizar bibliotecas seguras para criptografar dados sensíveis e certificar-se de que os métodos de criptografia estão atualizados e de acordo com os padrões de segurança.

## Automatizando Testes para Garantir Correções

Após as correções, Lucas quer garantir que o bug tenha sido efetivamente corrigido e que não tenha introduzido novos erros ao código. Ele decide criar alguns testes automatizados para verificar a estabilidade do sistema.

**Prompt 5: "Gere uma lista de casos de teste automatizados que posso implementar para garantir que o bug foi corrigido e que não há novas falhas no fluxo do programa."**

A IA sugere uma lista de casos de teste para cobrir diferentes cenários:

• **Teste de Unidade para** funcaoY: Verificar diferentes entradas e validar se o retorno está consistente com o esperado.

• **Teste de Integração**: Simular o comportamento do sistema como um todo, garantindo que a correção do bug não tenha afetado outros módulos.

• **Testes de Segurança**: Implementar testes para verificar se o código está protegendo contra injeção de SQL e XSS, incluindo entradas maliciosas no processo de teste.

Neste capítulo, vimos como Lucas, um programador enfrentando um prazo crítico, pôde utilizar a IA para depurar um código complexo e reforçar a segurança de um projeto que estava no fim do prazo. Ao utilizar prompts específicos para analisar as funções e a lógica do código, Lucas conseguiu não apenas identificar a origem do bug, mas também corrigir falhas de segurança que poderiam comprometer o projeto a longo prazo.

A IA não substitui o trabalho do programador, mas atua como um suporte crucial para identificar rapidamente problemas que, de outra forma, poderiam passar despercebidos. Os prompts apresentados mostraram como o poder da IA pode ser utilizado de forma prática para resolver problemas difíceis, fortalecer a segurança e garantir que o código esteja robusto e confiável, mesmo em momentos de alta pressão.

No próximo capítulo, vamos explorar como a IA pode ser usada por um gestor de qualidade que precisa garantir que um produto de software seja entregue sem bugs críticos, utilizando testes automatizados e práticas ágeis de desenvolvimento para manter um alto padrão de qualidade.

# Capítulo 30: IA e Garantia de Qualidade - Garantindo Software Livre de Bugs Críticos

Neste capítulo, vamos acompanhar a história de Rafael, um gestor de qualidade que está encarregado de garantir que um produto de software seja entregue sem bugs críticos e com o mais alto padrão de qualidade possível. Rafael e sua equipe estão trabalhando em um ambiente ágil, e o prazo de entrega está próximo. A IA será uma ferramenta essencial para ajudar a criar testes automatizados, analisar relatórios de qualidade e priorizar os bugs que precisam ser corrigidos antes da entrega final. Através do uso de prompts específicos, Rafael pode garantir que o software esteja em perfeito estado para ser liberado ao cliente.

## Planejamento de Testes Automatizados

Rafael sabe que, em um ambiente de desenvolvimento ágil, os testes automatizados são fundamentais para garantir a qualidade do software sem comprometer a velocidade das entregas. Ele decide usar a IA para ajudar a definir um conjunto abrangente de testes que cobrem todas as funcionalidades críticas do produto.

**Prompt 1: "Crie uma lista de testes automatizados para garantir a cobertura de funcionalidades críticas e evitar bugs regressivos. Inclua casos de teste de unidade, integração e testes de regressão."**

Com esse prompt, a IA sugere uma lista de casos de teste abrangentes, categorizados de acordo com o nível:

- **Teste de Unidade**: Testes individuais para cada função ou método crítico do sistema, garantindo que todos os m ódulos menores estejam funcionando conforme esperado.
- **Teste de Integração**: Simular como diferentes m ódulos interagem, verificando se os dados fluem corretamente entre os componentes do sistema.
- **Teste de Regressão**: Garantir que novos recursos ou correções de bugs não estejam causando problemas em funcionalidades existentes. A IA sugere a criação de uma suíte de testes que inclua as funcionalidades mais críticas para o cliente.

A IA também fornece sugestões de frameworks que podem ser usados para cada tipo de teste, como **JUnit** para testes de unidade em Java, **Selenium** para testes de integração de interface, e ferramentas como **TestNG** para a execução automatizada de regressões.

## Analisando Relatórios de Qualidade

Depois de implementar os testes automatizados, Rafael precisa analisar os relatórios gerados para entender o estado do software e identificar áreas que precisam de maior atenção. A quantidade de dados nos relatórios é grande, incluindo logs de falha, cobertura de testes, e métricas de qualidade.

**Prompt 2: "Analise os relatórios de testes automatizados e destaque os módulos que apresentam a maior quantidade de falhas e menor cobertura de testes. Quais são as áreas críticas que precisam de atenção antes da entrega?"**

Com esse comando, a IA faz uma análise detalhada dos relatórios e fornece um resumo das principais áreas problemáticas:

•    **Módulos com Maior Número de Falhas:** A IA aponta que o módulo de autenticação está apresentando falhas recorrentes em diferentes testes, indicando a necessidade de uma revisão profunda, possivelmente devido a problemas de lógica de autenticação ou falhas de integração com APIs externas.

•    **Cobertura de Testes:** A IA destaca que algumas partes do módulo de gestão de usuários têm uma cobertura de testes inferior a 60%, sugerindo a criação de testes adicionais para essas áreas. Essa baixa cobertura representa um risco, pois erros críticos podem estar passando despercebidos.

## Priorização dos Bugs

Como o prazo de entrega está se aproximando, Rafael não terá tempo de corrigir todos os problemas que foram encontrados. Ele precisa priorizar os bugs que representam os maiores riscos para a qualidade do produto.

**Prompt 3: "Priorize os bugs detectados, considerando sua criticidade e impacto no usuário final. Forneça uma lista dos bugs mais críticos que devem ser corrigidos antes da entrega."**

A IA faz uma análise baseada em critérios como impacto no usuário, frequência de ocorrência, e complexidade de correção, e fornece uma lista priorizada dos bugs:

•   **Bug Crítico no Sistema de Autenticação**: Esse bug foi classificado como de alta criticidade, pois impacta diretamente o acesso dos usuários ao sistema. A IA recomenda que esse seja o primeiro a ser corrigido.

•   **Falhas de Segurança em Formulários**: Há um bug que permite a inserção de scripts maliciosos em um formulário específico, caracterizando um risco de ataque de Cross-Site Scripting (XSS). A IA indica que, embora não seja uma falha de funcionalidade, o impacto potencial em termos de segurança é grande.

•   **Erro de Integração no Módulo de Notificações**: Um bug no sistema de envio de notificações que está falhando em 20% dos casos foi identificado. A IA recomenda a correção, pois afeta diretamente a comunicação com os usuários e pode prejudicar a experiência final.

## Recomendando Boas Práticas de Qualidade

Além da identificação dos problemas, Rafael quer garantir que o processo de desenvolvimento e garantia de qualidade siga as melhores práticas possíveis, de modo a evitar que bugs críticos se repitam no futuro.

**Prompt 4: "Recomende boas práticas de desenvolvimento e testes para melhorar a qualidade do código e reduzir a probabilidade de bugs críticos no futuro."**

A IA sugere várias boas práticas, como:

• **Desenvolvimento Orientado a Testes (TDD)**: Implementar TDD para garantir que cada nova funcionalidade seja criada com testes em mente desde o início.

• **Testes de Segurança Automatizados**: Além dos testes de funcionalidade, implementar testes de segurança para identificar vulnerabilidades antes que o código seja liberado para produção.

• **Code Review Sistemático**: Estabelecer uma prá tica rigorosa de revisão de código entre os desenvolvedores, que pode ser complementada pela IA, identificando padrões de có digo que frequentemente levam a falhas.

Neste capítulo, acompanhamos Rafael, um gestor de qualidade que enfrenta o desafio de entregar um produto de software livre de bugs críticos e com o mais alto padrão de qualidade. Com a ajuda da IA, Rafael foi capaz de planejar testes automatizados que cobrem funcionalidades críticas, analisar relatórios de qualidade para identificar áreas problemáticas, priorizar os bugs mais crí ticos e definir boas práticas de desenvolvimento para melhorar a qualidade do código a longo prazo.

A utilização de prompts específicos mostrou como a IA pode ser uma ferramenta poderosa para gestores de qualidade, ajudando a garantir que um produto esteja em perfeitas condições antes de ser entregue ao cliente. Com a automação e análise de dados, a IA oferece um suporte essencial para decisões informadas e bem embasadas, garantindo um processo ágil sem sacrificar a qualidade do software.

# Capítulo 31: IA e Estratégia de Vendas - Insights para Fernando no Setor de Estética

Neste capítulo, vamos acompanhar Fernando, o dono de uma empresa de venda de produtos para cabeleireiros e estética, como cílios, unhas, colas e equipamentos elétricos. Fernando está enfrentando dificuldades para entender os resultados de vendas dos últimos 3 anos e quer melhorar sua estratégia de compras e aumentar as vendas por meio de parcerias. Ele possui uma planilha consolidada com os dados das vendas, e decide usar a IA para obter insights importantes que possam ajudá-lo a tomar decisões mais inteligentes sobre estoque, compra de novos produtos e otimização das estratégias de venda.

## Analisando os Dados com a IA

Fernando possui uma vasta quantidade de dados de vendas que, por si só, não dizem muito se não forem analisados de forma estruturada. Ele decide usar a IA para processar esses dados e entender padrões de compra, sazonalidade, e obter informações relevantes para guiar suas decisões.

**Prompt 1: "Analise os dados de vendas dos últimos 3 anos e identifique padrões de compra, sazonalidade e quais produtos apresentam maior e menor demanda. Como posso ajustar**

minhas compras e estratégias de marketing para aproveitar esses padrões?"

A IA faz uma análise detalhada dos dados e fornece as seguintes observações:

- **Sazonalidade nas Vendas**: Os dados indicam que há um pico nas vendas de produtos como cílios e unhas artificiais nos meses que antecedem grandes eventos, como festas de final de ano e casamentos. Isso sugere que, durante esses períodos, uma maior disponibilidade de estoque desses itens deve ser garantida, e campanhas promocionais específicas devem ser criadas para maximizar o retorno.
- **Produtos de Alta Rotatividade vs. Baixa Rotatividade**: A IA identifica que itens como colas para cílios e esmaltes são comprados de forma mais consistente ao longo do ano, enquanto equipamentos elétricos, como secadores e pranchas, apresentam uma demanda mais irregular, concentrada em períodos promocionais específicos, como Black Friday. A IA recomenda que Fernando mantenha um estoque constante dos itens de alta rotatividade e utilize promoções estratégicas para vender grandes volumes de produtos de baixa rotatividade.
- **Identificação de Produtos com Demanda em Declínio**: A análise também mostra que certos produtos, como algumas linhas de unhas artificiais, têm apresentado queda contí nua nas vendas. Isso sugere que Fernando deve reconsiderar a compra desses produtos e, em vez disso, direcionar o investimento para produtos emergentes que mostram maior potencial.

## Sugestões de Compras e Parcerias de Venda

Com base nos padrões de venda e na sazonalidade identificados, Fernando quer saber como melhorar sua estratégia de compras e como pode vender grandes volumes por meio de parcerias.

**Prompt 2: "Baseado na análise de vendas, quais produtos eu devo comprar mais, quais devo comprar menos, e como posso melhorar minhas parcerias de venda para vender grandes volumes?"**

A IA oferece recomendações para otimizar as compras e estratégias de vendas:

• **Compras de Estoque Otimizadas:** Produtos de alta demanda, como cílios e colas, devem ter um aumento no estoque durante os períodos de alta sazonalidade. Para itens de baixa demanda, Fernando deve adotar uma abordagem "sob demanda" para evitar capital imobilizado em produtos que têm uma rotação lenta.

• **Parcerias Estratégicas**: A IA recomenda que Fernando estabeleça parcerias com salões de beleza e distribuidores de produtos de estética para oferecer kits de produtos a preços reduzidos durante períodos promocionais. Isso pode incentivar compras em grandes volumes, especialmente em épocas de pico, como durante o Natal. A IA também sugere criar um programa de fidelidade para parceiros de longa data, oferecendo descontos progressivos para incentivar compras cont ínuas.

• **Pacotes de Valor**: A criação de pacotes de produtos — por exemplo, kits que incluam cílios, cola e um removedor de adesivo — pode aumentar o ticket médio por venda. Esses pacotes podem ser oferecidos com descontos atrativos para os parceiros comerciais, incentivando a compra de mais itens e facilitando o processo de revenda.

## Melhorando a Estratégia de Marketing e Promoções

Além de ajustar as compras e fortalecer as parcerias de venda, Fernando precisa melhorar sua estratégia de marketing para garantir que esteja atingindo seu público-alvo de maneira eficaz e maximizando as oportunidades de vendas.

**Prompt 3: "Como posso melhorar minhas estratégias de marketing e promoções para atingir melhor meu público-alvo e aumentar as vendas, considerando os dados históricos?"**

Com esse prompt, a IA sugere várias estratégias para Fernando:

• **Campanhas Sazonais Direcionadas**: A IA sugere que Fernando deve concentrar os esforços de marketing em campanhas sazonais, aproveitando os picos de vendas já identificados. Durante esses períodos, ele pode utilizar anúncios pagos em redes sociais, segmentando especificamente profissionais da área de estética, como cabeleireiros e esteticistas.

- **Ofertas Baseadas em Dados de Clientes**: A IA recomenda segmentar os clientes existentes de acordo com os padrões de compra e oferecer promoções direcionadas. Por exemplo, clientes que compraram produtos elétricos (como secadores) no ano passado poderiam ser alvos de uma campanha para adquirir outros acessórios relacionados.
- **Parcerias de Influência**: Como Fernando atua no setor de estética, a IA sugere que ele busque parcerias com influenciadores digitais que tenham uma audiência relevante no setor de beleza. Campanhas de demonstração de produtos e vídeos tutoriais podem ajudar a aumentar a visibilidade e as vendas dos itens mais lucrativos.

## Tomada de Decisões Baseada em Dados

Finalmente, Fernando quer garantir que está tomando decisões informadas sobre quais produtos descontinuar e onde focar seus recursos.

**Prompt 4: "Com base na análise de demanda e rotatividade dos produtos, quais produtos devo descontinuar e em quais devo focar meus recursos para maximizar o retorno?"**

A IA fornece uma visão clara sobre os produtos que apresentam vendas consistentemente baixas ao longo dos últimos anos e que, portanto, devem ser descontinuados. Esses produtos incluem linhas específicas de acessórios que perderam popularidade e geraram pouco retorno. Já os produtos que apresentam alta demanda e margens significativas, como as linhas de cílios e colas mais populares, devem ser o foco dos investimentos futuros.

A IA também recomenda explorar produtos complementares que estão crescendo em popularidade no setor de estética, como novos tipos de colas não tóxicas ou acessórios que estejam em alta nas redes sociais. Esses produtos podem ser uma boa aposta para inovação e crescimento, aproveitando a dinâmica do mercado.

**Conclusão**

Neste capítulo, vimos como Fernando, dono de uma empresa de produtos para estética, pôde utilizar a IA para obter insights poderosos a partir dos dados de vendas dos últimos três anos. A IA ajudou Fernando a identificar padrões de sazonalidade, produtos de alta e baixa rotatividade, e a definir uma estratégia de compras e de marketing mais eficiente. Além disso, a IA forneceu recomendações valiosas para fortalecer as parcerias de venda e otimizar os estoques, permitindo que Fernando tomasse decisões mais seguras e informadas.

A capacidade da IA de analisar grandes volumes de dados e identificar padrões e oportunidades ocultas mostra o quanto essa tecnologia pode ser uma aliada importante para empresários que desejam otimizar seus negócios e se destacar no mercado competitivo.

# Capítulo 32: Apoiando a Equipe de Vendas - Estratégia para o Último Trimestre no Setor de Bebidas

Neste capítulo, vamos conhecer Marcos, um gestor de vendas que está enfrentando o desafio de apoiar sua equipe para atingir as metas anuais. Ele trabalha no setor de bebidas, que inclui água, refrigerantes e bebidas alcoólicas, e seus principais clientes são bares, restaurantes, padarias e mercados. Marcos já possui os resultados dos últimos 9 meses da equipe e está preocupado, pois o último trimestre é sempre um período de risco e a empresa não está indo na direção certa para atingir as metas anuais. Ele decide utilizar a IA para obter insights sobre o desempenho de sua equipe e formular uma estratégia que ajude todos a alcançar os objetivos.

## Entendendo a Situação Atual

Marcos sabe que os últimos três meses do ano são críticos para o cumprimento das metas de vendas anuais. Ele precisa identificar os pontos fracos e fortes da equipe para saber como direcionar os esforços. Além disso, ele deve definir quais clientes têm maior potencial de compra e quais precisam ser abordados com uma estratégia diferenciada.

**Prompt 1: "Analise os resultados de vendas dos últimos 9 meses para cada membro da equipe. Identifique padrões de desempenho e forneça recomendações sobre quais membros**

**precisam de apoio adicional e quais clientes têm maior potencial para ajudar a alcançar as metas."**

A IA faz uma análise dos dados de desempenho dos vendedores e identifica:

• **Diferentes Perfis de Vendedores**: Alguns vendedores têm um bom desempenho no segmento de bebidas alcoólicas, enquanto outros têm melhores resultados em refrigerantes e água. Isso sugere que Marcos deve alocar os vendedores de acordo com seus pontos fortes para otimizar as vendas.

• **Análise de Desempenho por Cliente**: A IA tamb ém identifica que alguns clientes, como grandes redes de padarias e restaurantes, têm potencial para aumentar seus pedidos, mas não estão sendo suficientemente explorados. Esses clientes podem ser abordados com promoções específicas ou descontos para compras em volume, a fim de aumentar as vendas rapidamente.

## Criando Estratégias Personalizadas para Aumentar as Vendas

Marcos quer apoiar sua equipe de maneira direcionada, oferecendo estratégias personalizadas de acordo com o perfil de cada cliente e vendedor.

**Prompt 2: "Sugira estratégias específicas para apoiar cada vendedor da equipe, considerando suas forças e fraquezas, e**

**indique como cada vendedor deve abordar os diferentes tipos de clientes."**

Com esse prompt, a IA sugere diferentes estratégias para cada vendedor:

•    **Foco em Vendas de Volume**: Para vendedores que têm um bom relacionamento com mercados e grandes padarias, a IA recomenda o foco em aumentar o volume de bebidas não alcoólicas, oferecendo promoções que incentivem compras em grande quantidade, especialmente nos meses que antecedem festas e feriados.

•    **Promoções Cruzadas**: Para vendedores que atendem bares e restaurantes, a IA sugere que façam promoções cruzadas, como oferecer descontos em compras de água junto com bebidas alcoólicas. Essa abordagem cria uma oportunidade para aumentar o volume de vendas em diferentes categorias de produtos.

•    **Treinamento Direcionado**: A IA também indica que alguns vendedores têm uma taxa de conversão mais baixa em clientes de bares e recomenda que Marcos forneça um treinamento específico para esses vendedores, focando em técnicas de negociação e relacionamento para esse tipo de estabelecimento.

## Identificando Oportunidades no Último Trimestre

O último trimestre é a chance final de reverter os resultados e alcançar as metas anuais. Marcos precisa de uma estratégia clara sobre como aproveitar o potencial de cada cliente para aumentar as vendas.

**Prompt 3: "Quais clientes têm maior potencial de crescimento e como devo abordar esses clientes para garantir que as metas de vendas sejam alcançadas no último trimestre?"**

A IA fornece uma análise detalhada, destacando os clientes com maior potencial de crescimento:

• **Clientes Estratégicos para o Último Trimestre**: Restaurantes que registraram um aumento de público nos últimos meses podem ser alvo de promoções de bebidas alcoólicas premium, como vinhos e cervejas artesanais, que têm margens de lucro mais altas. A IA sugere que, para esses clientes, Marcos ofereça pacotes de degustação para aumentar as vendas.

• **Mercados e Padarias**: Clientes que têm um histórico de compra em grandes volumes, mas que reduziram os pedidos nos últimos meses, devem ser abordados com promoções que envolvam descontos progressivos para pedidos em grande quantidade. A IA sugere que Marcos apresente ofertas que garantam um valor competitivo para incentivar esses clientes a aumentarem seus estoques.

## Melhorando a Comunicação e Acompanhamento da Equipe

Para garantir que as metas sejam atingidas, Marcos precisa melhorar a comunicação com sua equipe e acompanhar de perto o progresso de cada vendedor.

**Prompt 4: "Como posso acompanhar o desempenho da equipe de vendas e garantir que todos estejam motivados e focados nas metas durante o último trimestre?"**

A IA sugere as seguintes ações para Marcos:

• **Painel de Monitoramento em Tempo Real**: Criar um painel para monitorar o desempenho da equipe em tempo real, destacando os vendedores que estão próximos de alcançar suas metas e aqueles que precisam de apoio adicional. Isso permite que Marcos faça intervenções rápidas e ofereça incentivos quando necessário.

• **Incentivos e Reconhecimentos**: A IA recomenda a criação de um programa de incentivo para os vendedores que superarem as metas no último trimestre, como premiações em dinheiro ou recompensas. Isso ajuda a manter a motivação alta em um período crítico.

• **Reuniões Semanais de Alinhamento**: Reuniões curtas e objetivas com a equipe para revisar as metas da semana e discutir estratégias que estão funcionando melhor. A IA sugere que Marcos use os dados de desempenho para conduzir essas reuniões, mostrando o que está funcionando e como todos podem melhorar.

Neste capítulo, vimos como Marcos, o gestor de vendas de uma empresa do setor de bebidas, pôde utilizar a IA para identificar padrões de desempenho em sua equipe, definir estratégias personalizadas para cada vendedor e cliente, e criar um plano para garantir que as metas sejam alcançadas no último trimestre. A IA ajudou a transformar dados históricos em ações práticas e bem direcionadas, permitindo que Marcos oferecesse um suporte efetivo à sua equipe e maximizasse as chances de atingir os objetivos da empresa.

O uso da IA no acompanhamento do desempenho e na definição de estratégias específicas para cada vendedor e cliente mostrou ser uma ferramenta poderosa para manter a equipe motivada e alinhada com as metas, mesmo em períodos desafiadores.

# Capítulo 33: Vendas Estratégicas de ERP - Como Fábio Pode Atingir Suas Metas com a Ajuda da IA

Neste capítulo, vamos conhecer Fábio, um vendedor de software de ERP que está encarregado de alcançar metas agressivas, vendendo um sistema ERP que compete diretamente com grandes nomes como o SAP, mas com um custo significativamente menor. Fábio está preocupado com suas metas e possui uma carteira de clientes, com histórico de compra e informações dos potenciais clientes, incluindo quais softwares eles utilizam atualmente. Para definir uma estratégia mais eficaz, Fábio decide utilizar a IA para obter insights valiosos sobre quais empresas abordar e como focar seus esforços para vender mais. Vamos ver como a IA pode ajudá-lo a atingir seus objetivos.

## Analisando a Carteira de Clientes

Fábio tem acesso a uma lista de empresas, órgãos de governo e gestores com os quais já tem um histórico de relacionamento ou que podem ser potenciais clientes. Ele decide utilizar a IA para analisar esses dados e identificar quais empresas apresentam maior potencial para adquirir o software ERP de menor custo.

**Prompt 1: "Analise a carteira de clientes e os potenciais clientes. Identifique quais empresas apresentam maior probabilidade de estarem interessadas em uma solução ERP**

**de custo menor, considerando histórico de faturamento, uso atual de ERP e problemas financeiros conhecidos."**

Com esse prompt, a IA faz uma análise detalhada da carteira de clientes de Fábio, considerando:

- **Software Atual Utilizado**: A IA identifica que empresas que atualmente utilizam um ERP caro, como o SAP, e que possuem histórico de problemas financeiros ou retração de faturamento, são potenciais alvos. Essas empresas podem estar interessadas em migrar para um ERP com custo de licença e manutenção mais acessível, especialmente se enfrentarem dificuldades para manter os custos atuais.
- **Problemas de Faturamento**: Empresas que apresentaram redução no faturamento nos últimos anos ou que tiveram dificuldades reportadas em reuniões públicas ou em comunicados financeiros são priorizadas. A IA destaca essas empresas como bons alvos para a abordagem de Fábio, oferecendo uma solução de ERP com menor custo de implementação e manutenção.

## Foco na Abordagem Personalizada

Além de identificar as empresas mais promissoras, Fábio precisa de uma estratégia de abordagem personalizada para garantir que seu discurso seja relevante para as dores específicas de cada cliente.

**Prompt 2: "Sugira uma estratégia de abordagem para cada cliente potencial, focando nos benefícios de redução de custos e nas vantagens específicas do nosso ERP em comparação aos sistemas concorrentes, como SAP."**

Com esse prompt, a IA sugere estratégias específicas para diferentes perfis de clientes:

• **Empresas com Problemas de Faturamento**: A IA sugere que Fábio foque na **redução de custos operacionais** e na **flexibilidade da implementação**. A abordagem deve destacar que, ao migrar para o ERP que ele oferece, a empresa terá uma redução significativa nos custos de licenciamento e manutenção, sem comprometer as funcionalidades essenciais. Além disso, ele pode oferecer estudos de caso mostrando como outras empresas reduziram seus gastos após a migração.

• **Órgãos Governamentais**: Para os órgãos governamentais, a IA recomenda que Fábio destaque a **conformidade com normas locais** e a **capacidade de personalização** do ERP para atender necessidades específicas do setor público. Além disso, deve ser mencionado o potencial de melhorar a transparência dos processos e reduzir custos públicos, um ponto importante para gestores que precisam prestar contas à população.

• **Empresas que Já Utilizam ERPs Concorrentes**: Para empresas que utilizam outros ERPs concorrentes, como o SAP, a IA sugere que Fábio ofereça uma análise de custo-benefício comparativa, incluindo os custos de manutenção, atualizações, e suporte técnico. Deve ser destacado que a migração é suportada por uma equipe de implementação experiente, que garante uma transição sem problemas e com baixo risco.

## Identificando Decisores e Potenciais Alvos Internos

Fábio também quer garantir que está falando com as pessoas certas nas empresas-alvo, aumentando suas chances de conversão. Para isso, ele decide usar a IA para obter informações sobre os decisores.

**Prompt 3: "Identifique os possíveis decisores ou influenciadores dentro das empresas-alvo que eu devo abordar para aumentar a chance de fechar negócios. Como devo adaptar minha comunicação para cada tipo de influenciador?"**

A IA analisa os dados disponíveis e sugere:

- **Diretores de TI**: Estes são geralmente os decisores quando se trata de ERP. A IA recomenda que Fábio foque na **integração técnica** do ERP, destacando a facilidade de integração com outros sistemas já utilizados pela empresa e a flexibilidade para personalizações, algo que muitas vezes é um ponto crítico em sistemas legados.
- **Diretores Financeiros**: A IA identifica que os CFOs (Chief Financial Officers) são os que mais se preocupam com a relação custo-benefício. Fábio deve adaptar sua

comunicação para enfatizar a **redução de custos diretos e indiretos**, como manutenção e atualização, e os benefícios fiscais que podem ser obtidos ao migrar para um ERP mais econômico.

• **Gestores de Operações**: Estes são influenciadores importantes, pois se preocupam com a **eficiência dos processos**. Fábio deve apresentar como o ERP pode melhorar a produtividade da empresa, simplificando processos complexos e oferecendo uma melhor visibilidade das operações em tempo real.

## Estratégias de Acompanhamento e Fechamento

Depois de definir quais empresas abordar e adaptar sua comunicação para os diferentes decisores, Fábio quer garantir que sua abordagem tenha continuidade e que ele consiga fechar o má ximo de negócios possível.

**Prompt 4: "Sugira uma estratégia de acompanhamento para garantir que os potenciais clientes permaneçam engajados e para aumentar as chances de fechamento. Como devo abordar o follow-up em cada estágio do funil de vendas?"**

A IA sugere um plano detalhado de acompanhamento:

• **E-mails Personalizados**: Após a reunião inicial, F ábio deve enviar um e-mail personalizado para cada cliente, resumindo os pontos discutidos e oferecendo materiais adicionais, como estudos de caso ou uma simulação de ROI (retorno sobre investimento). Isso mantém o cliente engajado e mostra que Fábio entende suas necessidades específicas.

• **Demonstração Personalizada do ERP**: Para clientes que demonstraram interesse, a IA sugere que Fábio organize uma **demonstração personalizada** do ERP, mostrando exatamente como o sistema pode atender às necessidades especí ficas da empresa. A demonstração deve ser orientada para os pontos de dor mencionados pelos decisores durante as reuniões.

• **Plano de Ação com Proposta Comercial**: Na fase de fechamento, a IA recomenda que Fábio apresente um **plano de implementação detalhado,** que inclua cronogramas, etapas de migração e suporte técnico. O objetivo é mostrar que a empresa não apenas comprará um software, mas terá suporte completo em todas as etapas de implementação, reduzindo os riscos da migração.

Neste capítulo, vimos como Fábio, um vendedor de software ERP, pôde utilizar a IA para maximizar suas chances de atingir as metas, identificando os melhores clientes a serem abordados e criando uma estratégia de vendas direcionada para cada um deles. A IA ajudou Fábio a entender quais empresas tinham maior probabilidade de estar interessadas em uma solução de menor custo e a adaptar sua comunicação para diferentes decisores e influenciadores dentro das empresas.

Ao utilizar uma abordagem orientada por dados e insights precisos fornecidos pela IA, Fábio pôde focar seus esforços de forma mais estratégica, otimizando sua abordagem para empresas específicas e aumentando significativamente as chances de fechar novos negócios.

[Título do livro], por [Nome do autor]

# Capítulo 34: Estratégia de Mobilização de uma Campanha de Direita em um Contexto de Censura

Neste capítulo, vamos abordar a estratégia de um candidato de direita, o Jair, que participa de uma eleição em um país onde a direita é perseguida e censurada pelo judiciário. A campanha enfrenta desafios significativos, incluindo censura das propagandas no rádio e na TV, além de restrições nas grandes mí dias sociais. O objetivo é desenvolver uma estratégia de mobilização diferenciada, que consiga driblar a censura, criar uma conexão com os eleitores e maximizar o impacto, garantindo que as propostas positivas cheguem ao maior número possível de pessoas.

## Fortalecimento do Território Local e Presença Física

Em um ambiente onde os meios tradicionais de comunicação e as grandes plataformas digitais estão censuradas, o fortalecimento da presença física e o trabalho no nível local são fundamentais para criar uma conexão direta com os eleitores.

### 1.1 Redes de Influência Comunitária

Montar uma rede de influência comunitária com líderes locais é essencial. O candidato deve identificar líderes comunitários — como líderes religiosos, proprietários de pequenos negócios e ativistas locais — que possam apoiar a campanha e servir como porta-vozes. Esses líderes são respeitados em suas comunidades e podem transmitir as mensagens do candidato de maneira que seja percebida como autêntica.

## 1.2 Reuniões e Eventos Públicos

Organizar reuniões públicas, mutirões e eventos em locais estraté gicos para criar uma sensação de proximidade. Esses eventos devem ser voltados para escutar as preocupações da população e compartilhar as propostas do candidato. Os eventos podem ser temáticos, focando em questões de saúde, segurança, educação e empreendedorismo, o que permite uma abordagem segmentada e eficiente.

## 1.3 Caravanas e Roteiros de Visitas

Caravanas e visitas regulares a comunidades que tenham pouca cobertura de mídia também são uma forma eficaz de atingir eleitores diretamente, sem interferência de censura. Em cada visita, o candidato deve apresentar suas propostas de maneira personalizada para cada região, de acordo com suas necessidades específicas.

# Redes Sociais Alternativas e Plataformas Independentes

Como as grandes mídias sociais estão censuradas, é necessário utilizar plataformas alternativas e descentralizadas que estejam fora do controle direto das autoridades censuradoras.

## 2.1 Plataformas de Mensageria

Focar em **aplicativos de mensagens** como **Telegram, Signal** e **WhatsApp,** que permitem a criação de canais diretos com os apoiadores. Esses grupos podem ser utilizados para distribuir ví deos, podcasts e materiais gráficos que detalham as propostas do candidato e trazem atualizações constantes da campanha.

### 2.2 Plataformas Decentralizadas e Redes Alternativas
Utilizar redes como **Mastodon, Gab,** ou outras plataformas descentralizadas que não estejam sujeitas ao controle direto das grandes empresas de tecnologia e dos censores locais. Nessas plataformas, o candidato pode compartilhar conteúdos que dificilmente seriam permitidos em outras mídias.

### 2.3 Podcasts e Produção de Conteúdo Independente
Produzir **podcasts** é uma forma eficaz de contornar as mídias sociais censuradas. O podcast pode ser utilizado para apresentar propostas, responder perguntas dos eleitores e dar voz a especialistas que apoiem o candidato. Além disso, o conteúdo pode ser distribuído em várias plataformas de streaming, que possuem menor índice de censura.

# Comunicação de Propostas Positivas e Críticas Embasadas

Uma estratégia central da campanha deve ser a construção de uma narrativa baseada em propostas positivas e críticas embasadas, evitando ataques vazios que possam ser censurados.

### 3.1 Foco em Propostas Construtivas

Focar nas propostas que atendem às necessidades imediatas da população, como segurança, educação e empreendedorismo. Criar um plano detalhado, apresentando números, prazos e objetivos claros. Isso gera confiança e reduz a chance de censura, uma vez que o conteúdo se baseia em propostas reais e mensurá veis.

### 3.2 Críticas Precisas e Embasadas
Quando forem feitas críticas aos adversários ou ao status quo, elas devem ser baseadas em **fatos documentados e dados públicos**. Por exemplo, ao criticar a administração atual, deve-se mencionar falhas específicas, como aumento de índices de criminalidade ou má administração de recursos, sempre embasando com fontes verificáveis. Isso torna as críticas menos vulneráveis a censura, uma vez que são fundamentadas em dados oficiais.

### 3.3 Relato de Histórias Reais
A estratégia também deve incluir a narrativa de **histórias reais de pessoas** que foram beneficiadas pelas políticas defendidas pelo candidato ou que sofreram com a má administração do governo atual. As histórias pessoais criam uma conexão emocional com os eleitores e demonstram a relevância prática das propostas.

### 4. Mobilização Via Redes de Apoiadores e Multiplicadores

Como o alcance da mídia tradicional está limitado, é necessário criar uma rede de multiplicadores que possa expandir a mensagem da campanha para além das limitações da censura.

## 4.1 Criação de Núcleos de Mobilização

Formar **núcleos de mobilização** em bairros e cidades menores. Cada núcleo deve ser responsável por organizar eventos e distribuir materiais de campanha, como panfletos, adesivos e outros materiais de baixo custo. Esses núcleos servem como multiplicadores locais da campanha.

## 4.2 Voluntariado e Apoiadores Digitais

Convidar apoiadores a se tornarem **voluntários digitais**. Esses voluntários devem ser orientados a compartilhar conteúdo do candidato em grupos locais de WhatsApp, Telegram e fóruns regionais. Essa estratégia cria um exército digital descentralizado que atua fora dos grandes algoritmos das plataformas tradicionais, dificultando o controle pelas autoridades.

## 4.3 Produção de Material Visual e Simplificado

Criar **material gráfico simplificado**, que possa ser facilmente reproduzido em pequenos centros de impressão ou em impressoras domésticas, permitindo que os voluntários distribuam pela vizinhança, colando em murais comunitários, pontos de ônibus, ou mesmo em estabelecimentos locais, como mercearias e farmácias.

# Advocacia e Apoio Jurídico

Uma campanha de direita que enfrenta perseguição do judiciário deve ter um time dedicado a garantir que seus direitos sejam defendidos.

## 5.1 Apoio Legal

Um grupo de advogados deve monitorar de perto todos os casos de censura, registrando denúncias e entrando com ações na justiça para proteger a liberdade de expressão do candidato. Esse grupo deve estar preparado para agir rapidamente, utilizando recursos legais e pressionando por decisões justas.

## 5.2 Transparência e Denúncia

Criar uma **rede de transparência** que denuncie abertamente qualquer tentativa de censura ou limitação da liberdade de expressão da campanha. A comunicação sobre esses incidentes deve ser clara e objetiva, usando as redes alternativas e canais de Telegram para denunciar diretamente à população as injustiças enfrentadas.

Neste capítulo, desenvolvemos uma estratégia para um candidato de direita que enfrenta um contexto hostil de censura e perseguição. A combinação de presença local forte, uso de plataformas de mensagens e redes sociais alternativas, e uma rede de multiplicadores descentralizada são peças-chave para contornar as limitações impostas pelo ambiente político desfavor ável. A mensagem deve ser sempre positiva e crítica, mas embasada e fundamentada, de modo a evitar a censura e garantir que as propostas cheguem aos eleitores.

A IA pode ser utilizada em todos esses processos, auxiliando na an álise de dados demográficos, sugerindo locais de visitas prioritá rias, adaptando mensagens para cada público e até mesmo na automação de conteúdos para serem distribuídos via plataformas descentralizadas. Ao abraçar a tecnologia, o candidato consegue criar uma campanha resiliente e eficaz, que é capaz de superar as adversidades e chegar diretamente ao coração dos eleitores.

# Capítulo 35: Nutrição e Exercício Físico em Sintonia - A Jornada de Daniele, Rogério e o Paciente com Obesidade Resistente

Neste capítulo, vamos acompanhar a história de Daniele, uma nutricionista, e Rogério, um personal trainer, que estão enfrentando o desafio de ajudar um paciente obeso a perder peso de forma sistemática. Apesar de já terem tentado várias abordagens, o paciente conseguiu perder apenas 10 kg de gordura após um ano de tratamento e ainda precisa perder mais 30 kg. Mesmo assim, ele conseguiu aumentar a massa muscular devido à musculação orientada por Rogério. O cenário sugere que há algo mais acontecendo com o metabolismo do paciente, como predisposição genética ou dificuldades metabólicas. Vamos explorar como a inteligência artificial pode auxiliar Daniele e Rogério a criar uma estratégia mais eficaz e personalizada para garantir resultados consistentes na perda de peso.

## Revisão Completa e Análise dos Dados com a IA

Para entender melhor o que pode estar dificultando a perda de peso, Daniele e Rogério decidem utilizar a IA para analisar todos os dados do paciente. Isso inclui registros detalhados da dieta, padrão de exercício, exames metabólicos e fatores de estilo de vida.

**Prompt 1: "Analise os dados dietéticos, de treino e metabó licos do paciente e identifique possíveis fatores que possam estar interferindo na perda de peso, considerando a genética, a resistência metabólica e a capacidade de queima calórica."**

A IA faz uma análise detalhada e fornece as seguintes observações:

• **Resistência Metabólica:** A análise indica que o paciente pode estar sofrendo de resistência metabólica, um estado em que o metabolismo se adapta a um nível baixo de calorias, reduzindo a queima calórica para conservar energia. Isso pode estar impedindo a perda de peso.

• **Predisposição Genética:** A IA sugere que, devido à predisposição genética para ganho de peso, a taxa metabólica basal do paciente pode ser naturalmente mais baixa, o que exige uma abordagem muito cuidadosa no cálculo calórico, com estrat égias que visem o aumento da taxa metabólica.

• **Ciclagem Calórica e Termogênese Adaptativa:** A IA aponta que a termogênese adaptativa, uma redução do gasto energético em resposta à restrição calórica prolongada, pode estar em jogo. O uso de estratégias de "ciclagem calórica" (aumentando a ingestão calórica em dias específicos) pode ser benéfico para evitar a adaptação do corpo a baixos níveis de calorias.

## Estratégias Nutricionais com Suporte da IA

Daniele, com base nos dados fornecidos pela IA, quer redefinir a dieta do paciente de forma a combater a resistência metabólica e a aumentar a eficiência da perda de gordura, enquanto mantém a massa muscular.

**Prompt 2: "Sugira um plano nutricional que possa melhorar a taxa metabólica do paciente, combater a resistência metabó lica e promover uma perda de peso contínua."**

Com esse prompt, a IA sugere o seguinte plano:

- **Ciclagem de Carboidratos**: Implementar uma estratégia de ciclagem de carboidratos, alternando entre dias com alta e baixa ingestão de carboidratos. Isso pode ajudar a regular a leptina (hormônio associado ao metabolismo e à saciedade) e prevenir a adaptação metabólica.
- **Aumento de Proteínas**: A IA recomenda aumentar a ingestão de proteínas para cerca de 2,5 g por kg de peso corporal. Uma ingestão alta de proteínas ajuda a manter a massa muscular e aumenta o efeito térmico dos alimentos, o que significa que o corpo gasta mais calorias para digerir proteínas do que carboidratos ou gorduras.
- **Alimentos Termogênicos**: Incorporar alimentos com propriedades termogênicas, como chá verde, gengibre e pimenta caiena, pode aumentar o gasto energético basal e promover a queima de gordura.

- **Refeições Fracionadas e Ciclagem Calórica**: Recomendar que o paciente tenha dias de "refeição refeed" em que há um aumento calórico controlado, o que ajuda a evitar a desaceleração metabólica, e também evita a frustração causada pela dieta restritiva constante.

## Ajustes no Plano de Treinamento

Rogério também deseja ajustar o plano de exercícios para maximizar a queima calórica e otimizar a composição corporal do paciente. Ele decide usar a IA para obter sugestões de ajustes no treino, que incluam elementos de maior intensidade, mas que ainda respeitem os limites do paciente.

**Prompt 3: "Sugira ajustes no plano de treinamento para aumentar a queima calórica do paciente, considerando a resistência metabólica e a facilidade de ganho de peso. Como incorporar variações de intensidade sem prejudicar a saúde e a motivação do paciente?"**

A IA sugere as seguintes alterações no plano de treinamento:

- **Treinamento Intervalado de Alta Intensidade (HIIT)**: Incluir sessões curtas de HIIT (20-30 minutos) duas a três vezes por semana. O HIIT tem o benefício de aumentar o consumo de oxigênio pós-exercício, promovendo a queima de calorias mesmo após o término do treino, além de ser eficiente para pacientes com pouco tempo.

• **Cardio em Jejum Moderado**: A IA sugere incluir sessões de cardio leve em jejum (caminhadas de 30-40 minutos em intensidade moderada), que podem ajudar a aumentar a queima de gordura quando feitas de forma controlada e sob orientação.

• **Treinamento Resistido com Enfoque Metabólico**: Rogério deve adaptar os treinos de musculação para um enfoque mais metabólico, aumentando a quantidade de repetições, utilizando exercícios compostos e reduzindo o tempo de descanso entre séries. Isso ajuda a aumentar o gasto energético durante os treinos sem comprometer o ganho de massa muscular.

• **Dias de Recuperação Ativa**: A IA também sugere incorporar "dias de recuperação ativa", onde o paciente realiza atividades de menor intensidade, como ioga ou caminhadas leves, que ajudam a manter o corpo em movimento e reduzem os níveis de estresse.

## Monitoramento Constante e Motivação

Para garantir que o paciente se mantenha engajado e motivado, Daniele e Rogério decidem usar a IA para criar uma estratégia de monitoramento e motivação.

**Prompt 4: "Como posso utilizar a IA para monitorar o progresso do paciente e mantê-lo motivado, considerando que ele enfrenta dificuldades de perda de peso e precisa de reforço positivo constante?"**

A IA oferece as seguintes recomendações:

- **Aplicativo de Monitoramento**: Utilizar um aplicativo de monitoramento que esteja integrado a dispositivos vestíveis (como smartwatches) para acompanhar o gasto calórico diário, níveis de atividade, e até mesmo a qualidade do sono. Isso permite um acompanhamento em tempo real e permite ajustar rapidamente a dieta e o treino, conforme necessário.
- **Feedback Frequente e Objetivos Menores**: Definir objetivos menores e mais fáceis de alcançar, que ajudem o paciente a perceber progresso constante. A IA pode enviar mensagens motivacionais automáticas sempre que um objetivo intermediário é alcançado, reforçando os resultados positivos, como aumento de massa muscular ou melhoria no condicionamento cardiovascular.
- **Relatórios Visuais**: Criar relatórios visuais que mostram o progresso em gráficos ou tabelas, como perda de gordura, aumento de massa muscular, e níveis de condicionamento. Esses relatórios são importantes para manter o paciente motivado ao visualizar suas conquistas de forma clara.

Este capítulo demonstrou como Daniele, a nutricionista, e Rogério, o personal trainer, puderam utilizar a IA para enfrentar o desafio de ajudar um paciente obeso que tem dificuldades em perder peso de forma consistente. Com a análise dos dados dietéticos e de treinamento, a IA sugeriu estratégias de ciclagem calórica e de carboidratos, além de ajustes no plano de treino, que incluíram HIIT e treinos metabólicos. A integração com dispositivos de monitoramento e o uso de relatórios visuais tamb ém são parte importante da estratégia, garantindo que o paciente se mantenha engajado e motivado.

A IA não substitui o papel dos profissionais de saúde, mas complementa suas habilidades, fornecendo uma análise precisa dos dados e ajudando a criar estratégias que sejam sustentáveis e adaptadas à realidade do paciente, aumentando a eficácia do tratamento e promovendo a saúde a longo prazo.

# Capítulo 36: Prompts Avançados para Criação de Artigos - A Jornada de um Colunista Político

Neste capítulo, vamos acompanhar um colunista que deseja elaborar um artigo político sobre uma figura jurídica com tendê ncias autoritárias. Para isso, ele decide utilizar a IA, mas desta vez explorando a criação de **prompts avançados.** O processo começa com uma série de prompts preliminares que gerarão o prompt final detalhado e eficaz. Essa abordagem gradual é fundamental para garantir a clareza, o contexto necessário, e a criação de um artigo envolvente, com uma estrutura sólida e informações relevantes.

Vamos começar com uma série de prompts que o escritor utiliza para criar o prompt final. A seguir, veremos o processo passo a passo.

## Entendendo o contexto do personagem e definindo o objetivo

O escritor precisa, antes de mais nada, definir com precisão o personagem e o contexto que quer abordar no artigo. Ele decide fazer isso através de um primeiro conjunto de prompts.

**Prompt 1: "Descreva a figura jurídica sobre a qual desejo escrever. Trata-se de um político que, através de medidas**

**judiciais, manifesta tendências autoritárias. Quais são os elementos que caracterizam essa figura e que merecem ser abordados em um artigo político?"**

Com esse primeiro prompt, a IA ajuda o escritor a definir os pontos principais:

- **Concentração de Poder**: A figura jurídica utiliza seu poder para aumentar sua influência, controlando diferentes esferas de decisão judicial e interferindo em outras áreas do governo.
- **Censura e Controle de Vozes Opositoras**: Essa pessoa frequentemente toma medidas para silenciar ou censurar opositores políticos, utilizando brechas legais ou reinterpretando a legislação.
- **Manipulação das Leis**: O autoritarismo se revela na forma como as leis são adaptadas ou reinterpretadas para beneficiar interesses específicos, deixando claro que há uma agenda pessoal ou política em ação.

**Prompt 2: "Baseado nesses elementos, quais tópicos principais e subtemas seriam interessantes para explorar no artigo, considerando que o público deve entender o caráter autoritário da figura jurídica sem recorrer a ataques diretos?"**

Com esse segundo prompt, a IA oferece uma sugestão de estrutura:

- **Introdução**: Contextualização do cenário político e do papel da figura jurídica.
- **Tópico 1: Concentração de Poder** - Como o personagem utiliza a posição no Judiciário para concentrar decisões e aumentar sua influência.
- **Subtema**: Exemplos de decisões recentes que demonstram essa centralização.
- **Tópico 2: Censura e Silenciamento** - A utilização do Judiciário como ferramenta para controlar vozes opositoras.
- **Subtema**: Casos de jornalistas, líderes sociais e políticos que sofreram represálias judiciais.
- **Tópico 3: Manipulação da Lei** - Análise de como certas leis foram reinterpretadas para manter o controle político.
- **Subtema**: Consequências dessas medidas na sociedade e nos direitos individuais.
- **Conclusão**: Reflexão sobre as implicações desse comportamento no sistema democrático e no futuro do país.

## Definindo o estilo e o tom do artigo

Agora que os tópicos estão definidos, o próximo passo é pensar no estilo e tom do artigo. Isso inclui a forma como a crítica será apresentada para garantir que seja construtiva e bem fundamentada, evitando ataques diretos.

**Prompt 3: "Sugira um tom adequado para o artigo. Deve ser crítico, mas fundamentado, evitando ataques vazios e**

**promovendo uma reflexão sobre os riscos para a democracia. Como posso transmitir esse tom?"**

A IA sugere um tom que:

- **Crítico e Reflexivo**: Utiliza uma abordagem objetiva, com base em fatos e exemplos documentados, para criticar as ações do personagem sem soar como um ataque pessoal.
- **Empático com o Leitor**: O tom deve reconhecer que muitos leitores podem não estar familiarizados com os detalhes jurídicos, então é importante explicar de forma clara como as ações da figura política afetam o cotidiano das pessoas comuns.
- **Narrativo, com Estudos de Caso**: Trazer estudos de caso e histórias reais de pessoas que foram afetadas por decisões autoritárias, conectando a crítica ao impacto humano dessas ações.

## Gerando o Prompt Final para a Estrutura do Artigo

Com a definição dos tópicos e do tom, o escritor quer elaborar um prompt final que guie a IA na criação de uma estrutura detalhada para o artigo. Esse prompt deve incluir o contexto, o estilo, os pontos principais, além de pedir ideias adicionais que enriqueçam o conteúdo.

**Prompt Final: "Baseado nas informações fornecidas, gere uma estrutura detalhada para um artigo político sobre uma**

8

**figura jurídica com tendências autoritárias. O artigo deve conter os seguintes tópicos: concentração de poder, censura e controle de opositores, e manipulação das leis. O tom deve ser crítico e reflexivo, com uma linguagem acessível, empática e fundamentada. Além disso, inclua estudos de caso e exemplos reais para ilustrar os pontos principais. Sugira formas de estruturar os parágrafos para que a narrativa seja envolvente e mantenha o leitor interessado."**

A IA, então, gera uma estrutura mais detalhada:

## 1. Introdução

• **Contexto do Cenário Político**: Introduzir o contexto de instabilidade política e a figura jurídica central. Mostrar como essa pessoa emergiu como uma figura de poder, usando sua posição para aumentar sua influência.

• **Declaração de Objetivo**: Apresentar a ideia central do artigo — discutir as ações autoritárias do personagem e suas implicações.

## 2. Concentração de Poder

• **Parágrafo 1**: Explicar a estrutura do sistema jurí dico e como deveria funcionar em uma democracia.

• **Parágrafo 2**: Demonstrar como o personagem tem concentrado poder, incluindo exemplos específicos de decisões judiciais centralizadoras.

- **Parágrafo 3**: Trazer um estudo de caso onde essa concentração de poder teve consequências negativas, ilustrando o impacto no sistema de freios e contrapesos.

## 3. Censura e Controle de Vozes Opositoras

- **Parágrafo 1**: Explicar como a censura é exercida através do Judiciário, utilizando exemplos de medidas judiciais contra veículos de comunicação e opositores.
- **Parágrafo 2**: Trazer histórias de jornalistas ou ativistas que foram censurados, criando uma conexão emocional com o leitor.
- **Parágrafo 3**: Relacionar essa censura ao enfraquecimento da democracia e do debate público.

## 4. Manipulação da Lei

- **Parágrafo 1**: Mostrar como a figura jurídica reinterpreta leis para manter o controle político, com exemplos documentados.
- **Parágrafo 2**: Analisar como essas mudanças impactam direitos individuais e o princípio da igualdade perante a lei.
- **Parágrafo 3**: Discussão sobre o impacto a longo prazo — como essas decisões criam precedentes que afetam a liberdade de expressão e o equilíbrio de poder.

## 5. Conclusão

• **Reflexão Final**: Resumir os pontos discutidos e fazer uma reflexão sobre as ameaças que essas ações representam para o futuro da democracia no país.

• **Chamada à Ação**: Encorajar os leitores a refletirem sobre o papel do Judiciário e a importância de manter a independência e a justiça, sem se deixar levar por tendências autoritárias.

## Conclusão

Neste capítulo, vimos como o escritor utilizou prompts avançados para desenvolver um artigo político sobre uma figura jurídica autoritária. A criação do artigo foi feita em etapas, começando por prompts preliminares que ajudaram a definir o contexto, os tópicos e o tom, até chegar ao prompt final que guiou a criação do conteúdo completo.

Essa abordagem gradual permitiu que o escritor construísse um texto crítico, bem fundamentado e envolvente, utilizando a IA para estruturar seus pensamentos e criar uma narrativa coesa. A elaboração de prompts avançados, que geram outros prompts até atingir um objetivo final, é uma técnica poderosa para explorar ao máximo a capacidade da IA, oferecendo suporte criativo e técnico em projetos de escrita complexos.

O prompt final que o escritor usou para fazer o artigo no fim ficou assim:

**Crie um artigo político sobre uma figura jurídica com tendê**

ncias autoritárias, utilizando a estrutura detalhada a seguir. O artigo deve conter os seguintes tópicos: concentração de poder, censura e controle de opositores, e manipulação das leis. O tom deve ser crítico e reflexivo, com uma linguagem acessível e empática, evitando ataques diretos, mas focando em dados concretos e estudos de caso para ilustrar as consequ ências das ações dessa figura jurídica. Utilize uma introdução que contextualize o cenário político e uma conclusão que promova uma reflexão sobre os riscos para a democracia e uma chamada à ação para os leitores.

**Estrutura do Artigo:**

1. **Introdução**
• Contextualize o cenário político e apresente o personagem central.
• Declaração de objetivo: discutir como a figura jurí dica exerce o poder de forma autoritária e as implicações para o sistema democrático.
2. **Concentração de Poder**
• Explique a estrutura do sistema jurídico e como deveria funcionar em uma democracia.
• Mostre exemplos de como a figura concentra decisões para aumentar sua influência.
• Estudo de caso: Relate uma situação específica em que a concentração de poder teve consequências negativas.
3. **Censura e Controle de Vozes Opositoras**

- Descreva como o Judiciário é usado para silenciar opositores políticos e jornalistas.
- Apresente exemplos de jornalistas ou líderes sociais que enfrentaram censura.
- Discuta as implicações disso para a liberdade de expressão e a democracia.

4. **Manipulação da Lei**
- Explique como as leis são reinterpretadas para manter o controle político.
- Dê exemplos das mudanças e seus impactos nos direitos individuais.
- Faça uma análise sobre os precedentes que essas mudanças estabelecem para o futuro do país.

5. **Conclusão**
- Resuma os pontos discutidos e reforce os riscos para a democracia.
- Faça uma chamada à ação para os leitores, incentivando a reflexão sobre a importância de manter um Judiciário independente e justo.

**Estilo:** A narrativa deve ser envolvente, combinando linguagem acessível e argumentos embasados. Deve haver um equilíbrio entre a crítica precisa e o estímulo à reflexão, apresentando exemplos concretos e estudos de caso que conectem o leitor aos impactos práticos das ações da figura jurídica.

No próximo capítulo vamos ver como ficou o artigo gerado pelo prompt acima.

# Capítulo 37: A Resposta Gerada pelo Prompt Final

## Introdução

No cenário político atual, a independência das instituições é constantemente testada. Em meio a essas turbulências, surge uma figura jurídica que se destaca pelo uso do poder de forma autoritária, impactando diretamente a saúde democrática do país. Esta figura, ocupando um cargo crucial no Judiciário, utiliza sua posição para centralizar decisões, influenciar processos políticos e restringir liberdades individuais. Este artigo explora como essa concentração de poder é prejudicial para a sociedade, analisando suas ações de censura e manipulação das leis, e como isso ameaça a frágil estrutura democrática que devemos proteger.

O objetivo aqui é mostrar como essas ações autoritárias não só violam os princípios básicos de uma democracia saudável, mas também criam precedentes perigosos que afetam a liberdade e a justiça para todos.

## Concentração de Poder

O sistema jurídico em uma democracia deve ser independente e equilibrado, garantindo que nenhum indivíduo ou instituição tenha mais poder do que deveria. No entanto, o que vemos é uma crescente concentração de poder nas mãos desta figura jurídica. Através de uma série de decisões estratégicas, a pessoa centraliza processos, tira autoridade de outros órgãos, e impede que qualquer decisão contrária ao seu interesse prossiga.

Por exemplo, nos últimos dois anos, essa figura teve um papel determinante em casos de grande relevância nacional, assumindo decisões que deveriam ser tomadas de maneira colegiada. Isso ficou particularmente evidente quando, em uma decisão polê mica, ela assumiu sozinha o julgamento de um caso que envolvia interesses políticos diretos, removendo o poder de decisão de outros juízes do tribunal. Essa centralização causou um impacto significativo, gerando incertezas sobre a imparcialidade do sistema judiciário e afetando a confiança pública.

**Estudo de Caso:** Um exemplo marcante dessa concentração de poder aconteceu no caso envolvendo uma investigação de corrupção em uma grande estatal. Inicialmente, o caso estava distribuído entre várias instâncias, mas foi rapidamente centralizado nas mãos desse magistrado específico, que então tomou decisões que muitos especialistas apontaram como favorá veis ao grupo político com o qual ele possui proximidade.

## Censura e Controle de Vozes Opositoras

A censura é uma ferramenta poderosa para aqueles que desejam manter o controle sem contestação. Essa figura jurídica tem utilizado sistematicamente o aparato judicial para silenciar jornalistas e figuras públicas que ousam criticá-la. A censura tem sido feita através de ordens de restrição e multas punitivas que

desestimulam a liberdade de expressão e limitam o debate pú
blico.

Um caso emblemático é o de um jornalista investigativo que, ao
publicar uma série de artigos denunciando conflitos de interesse
e decisões controversas dessa figura, recebeu uma ordem judicial
para remover o conteúdo sob pena de uma multa pesada. Não
apenas isso, mas o jornalista foi proibido de mencionar o nome da
figura em futuras publicações — uma medida claramente
destinada a calar uma voz crítica.

As implicações disso para a liberdade de expressão são imensas.
Quando o Judiciário, que deveria proteger os direitos
fundamentais, é utilizado como uma ferramenta de repressão, o
direito ao livre debate e à crítica perde espaço. Essa prática cria
um clima de medo, em que cidadãos, jornalistas e até outros polí
ticos evitam discutir assuntos de interesse público por receio de
represálias.

## Manipulação da Lei

Outro aspecto autoritário é a manipulação das leis para servir aos
próprios interesses. Esta figura jurídica não apenas reinterpreta
leis de maneira criativa para se beneficiar, como também ignora
precedentes estabelecidos, criando um ambiente de incerteza
legal e favorecendo uma agenda política oculta.

Recentemente, essa figura reinterpretou uma lei referente à
transparência pública, limitando o acesso a informações sobre

casos judiciais sensíveis. O resultado disso foi a criação de um escudo que protege decisões controversas de serem questionadas pela sociedade ou por outros ramos do governo. Essa manipulação legislativa não só mina o princípio da transparência, como também cria um precedente perigoso, onde qualquer interpretação conveniente pode ser usada para blindar ações do controle público.

**Impacto nos Direitos Individuais:** Essa manipulação constante cria um ambiente onde os direitos dos cidadãos são incertos e, muitas vezes, violados. Quando uma figura jurídica tem o poder de reinterpretar leis para se adequar a suas necessidades políticas, os direitos individuais se tornam vulneráveis a abusos. Isso afeta diretamente a confiança que a sociedade deposita nas instituições jurídicas.

## A ameaça às liberdades

Os riscos para a democracia são evidentes. A concentração de poder, a censura de vozes críticas, e a manipulação das leis criam uma espiral descendente que enfraquece o estado de direito e coloca em risco os direitos fundamentais de todos. Um sistema democrático depende de pesos e contrapesos, e quando uma figura consegue manipular esse equilíbrio em benefício próprio, a democracia se fragiliza.

É fundamental que a sociedade esteja ciente dessas ameaças e não aceite passivamente a erosão dos seus direitos. É preciso lutar por um Judiciário verdadeiramente independente, que sirva ao povo e não a interesses pessoais. Todos nós devemos questionar, refletir e agir para proteger os pilares da nossa democracia — a liberdade de expressão, a justiça imparcial e a igualdade perante a lei.

Esse artigo reflete como a utilização de **prompts avançados** pode guiar o processo de escrita, garantindo que todos os elementos crí ticos sejam abordados de forma clara e estruturada, resultando em uma narrativa coerente e impactante. A criação do artigo partiu de uma elaboração cuidadosa, usando uma série de prompts preliminares para garantir que cada detalhe fosse considerado, culminando em um texto que conecta dados, exemplos reais e um estilo envolvente que inspira reflexão.

[Título do livro], por [Nome do autor]

# Capítulo 38: Prompter - Refinando Prompts até Criar uma Marca Completa

Neste capítulo, vamos explorar como o conceito de "Prompter" pode ser utilizado para criar um prompt inicial simples e, por meio de refinamentos sucessivos, transformá-lo em um modelo avançado que cobre todos os aspectos de uma marca de cachaças artesanais. A jornada começa com um empresário solicitando o nome da marca e, ao longo do processo, o prompter o ajuda a elaborar um prompt cada vez mais sofisticado, abrangendo desde o nome até o logotipo, estratégia de mercado e visão.

## O Prompt Inicial e o Papel do Prompter

Para começar, o empresário utiliza um prompt inicial para definir a função do "Prompter":

**Prompt Inicial:**
"Agora você é Prompter. Como prompter, eu te mando um tema de um prompt que eu quero elaborar e você me diz os aspectos negativos, as críticas e me sugere um novo prompt para atender o meu pedido original. Ou seja, você não executa os prompts, apenas critica o meu prompt e sugere um melhor."

**Objetivo:** Criar uma marca para uma empresa de cachaças artesanais, incluindo o nome da marca, logotipo, estratégia de marketing e visão da empresa.

## Primeiro Pedido ao Prompter: Nome da Marca

O empresário faz um pedido ao Prompter para que ajude a criar um nome para sua marca.

**Prompt do Empresário**: "Crie um nome para uma marca de cachaças artesanais."

### Resposta do Prompter:

"Seu prompt é muito genérico. Ele não oferece informações sobre o tipo de cachaça (é uma linha premium? tradicional? voltada para exportação?), o público-alvo (gourmets, jovens, mercados internacionais?), ou a essência que a marca deseja transmitir (tradição, inovação, regionalidade).

Sugestão de novo prompt: 'Crie um nome para uma marca de cachaças artesanais premium que valoriza a tradição brasileira e quer atingir consumidores de alta renda, destacando a herança cultural e o sabor autêntico das cachaças de Minas Gerais.'"

Com esse novo prompt, o empresário já obtém uma resposta mais específica e que considera melhor o contexto da marca.

## Avançando para a Identidade Visual

Depois de obter um nome que reflita a essência da marca, o empresário deseja criar um logotipo que acompanhe essa identidade.

**Prompt do Empresário**: "Agora crie um logotipo para essa marca de cachaças."

**Resposta do Prompter**:
"Seu pedido está incompleto. Você não especificou quais elementos visuais ou ideias gostaria de ver representados. Quer que o logotipo remeta a tradições brasileiras? Ou ele deve ter uma abordagem moderna? Sugira também as cores principais, ou algo que conecte o produto ao público-alvo.
Sugestão de novo prompt: 'Crie um conceito para o logotipo de uma marca de cachaças artesanais premium de Minas Gerais, destacando elementos da cultura local, como alambiques tradicionais e paisagens rurais. Utilize uma paleta de cores que remeta à terra e à madeira, transmitindo autenticidade e tradição.'"

Com esse novo prompt, o empresário obtém um conceito mais claro para o logotipo, conectado à identidade que ele quer construir.

## Evoluindo para a Estratégia de Marketing

Agora que já possui um nome e um conceito para o logotipo, o empresário quer pensar na estratégia de marketing da marca.

**Prompt do Empresário**: "Elabore uma estratégia de marketing para minha marca de cachaças."

**Resposta do Prompter**:

"Seu pedido é muito amplo. Estratégia de marketing pode envolver diferentes frentes — campanhas de mídia social, eventos presenciais, parcerias com estabelecimentos etc. Além disso, o p úblico-alvo precisa ser mais claramente definido.

Sugestão de novo prompt: 'Elabore uma estratégia de marketing para uma marca de cachaças artesanais premium que quer atingir consumidores de alta renda, focando em mídias sociais, parcerias com bares e restaurantes gourmet, e eventos culturais que valorizem a tradição mineira. Proponha ações para aumentar a visibilidade da marca e criar uma conexão emocional com o pú blico.'"

Esse refinamento faz com que a IA entregue uma estratégia de marketing que inclua canais específicos e uma abordagem mais direta ao público-alvo.

## Criando a Visão e Missão da Empresa

Com o nome, logotipo e estratégia de marketing definidos, o empresário deseja definir a visão e missão da empresa para estabelecer uma identidade clara e consistente.

**Prompt do Empresário**: "Crie uma visão e missão para a empresa."

**Resposta do Prompter:**
"Este pedido precisa de mais detalhes sobre os valores e objetivos da empresa. Qual é o propósito maior da marca? A empresa está

focada em sustentabilidade, em promover a cultura brasileira, ou em ser a melhor no mercado premium de cachaças?

Sugestão de novo prompt: 'Crie uma visão e uma missão para a empresa de cachaças artesanais premium que valoriza a cultura mineira, busca ser referência na produção de cachaças autênticas e está comprometida com práticas sustentáveis de produção. A visão deve refletir o desejo de levar a tradição brasileira ao mercado internacional, e a missão deve ser sobre promover a cultura e o sabor únicos de Minas Gerais.'"

Com esse refinamento, o empresário obtém uma visão e missão que comunicam claramente o propósito da marca e seus compromissos.

## Conclusão: O Processo Iterativo e o Poder do Prompter

O exemplo apresentado neste capítulo mostra como um "prompter" pode ser uma ferramenta essencial na criação de prompts cada vez mais refinados e completos, atendendo aos diversos aspectos necessários para construir uma marca sólida e coerente.

O processo iterativo guiado pelo Prompter não apenas melhora a clareza dos prompts, mas também garante que cada elemento importante seja considerado e que as respostas da IA sejam as mais específicas e relevantes possíveis. Começando por um pedido simples, como a criação de um nome para uma marca de cachaças artesanais, o Prompter ajudou o empresário a construir, passo a passo, toda a identidade da marca, incluindo logotipo, estratégia de marketing, visão e missão.

Este capítulo evidencia o poder da **engenharia de prompts avançada,** mostrando como perguntas adicionais e modelos de refinamento contínuo levam à criação de prompts extremamente eficazes, que são capazes de orientar a IA a fornecer respostas que vão além do esperado, trazendo um valor significativo para o usu ário.

# Capítulo 39: Prompter de Imagens - A Arte de Refinar Ideias Visuais

Neste capítulo, vamos explorar a criação de um **prompter de imagens**, uma ferramenta que auxilia na construção de prompts detalhados para gerar imagens ricas e comunicativas. A ideia é fornecer um conceito inicial simples e, por meio de refinamentos sucessivos, chegar a um prompt final que seja completo e transmita com precisão a visão desejada.

Para ilustrar esse conceito, vamos acompanhar **Mário**, um publicitário que precisa criar uma imagem para uma campanha de uma galeria de arte. A partir de um prompt inicial, Mário trabalhar á com o Prompter de Imagens para elaborar uma descrição mais detalhada e eficaz, que será usada para gerar a imagem final da campanha.

## O Prompt Inicial e o Papel do Prompter de Imagens

Mário começa fornecendo um prompt inicial, que define o papel do Prompter de Imagens:

**Prompt Inicial:**
"Você vai me auxiliar a criar imagens. Vou te fornecer uma ideia geral, e você vai elaborar um prompt mais detalhado para que eu possa criar uma imagem mais rica e comunicativa."

**Objetivo**: Criar uma imagem para uma campanha de uma galeria de arte que promova uma nova exposição focada em obras abstratas contemporâneas.

## A Primeira Ideia de Mário

Mário tem uma ideia geral para a imagem da campanha e decide usar o Prompter de Imagens para ajudar a desenvolvê-la:

**Ideia Inicial de Mário**: "Quero uma imagem abstrata que represente liberdade e criatividade, com cores vivas que transmitam energia e entusiasmo."

**Resposta do Prompter**:
"Seu pedido é interessante, mas ainda está um pouco vago. Precisamos de mais detalhes para capturar a essência do que você deseja. Considere os seguintes pontos:

• **Estilo do Abstrato**: Existe algum movimento específico que você gostaria de incorporar, como expressionismo abstrato ou arte geométrica?

• **Paleta de Cores**: Que cores específicas você tem em mente? Talvez tons quentes (vermelho, laranja, amarelo) ou uma combinação vibrante que inclua cores frias para contraste?

• **Elementos Visuais**: Há algum elemento ou símbolo que deve estar presente para representar liberdade e criatividade de maneira mais explícita?

• **Ambiente e Contexto**: O que deve transmitir o espaço ao redor? A imagem deve parecer em movimento, como se as cores estivessem fluindo, ou ser estática, mostrando harmonia e equilíbrio?"

**Sugestão de Novo Prompt:**
"Crie uma imagem abstrata no estilo do expressionismo abstrato que represente liberdade e criatividade. Utilize uma paleta de cores vivas e contrastantes, como tons quentes (vermelho, laranja, amarelo) combinados com toques de azul para criar contraste. A imagem deve transmitir movimento, como se as cores estivessem se espalhando pela tela em um fluxo contínuo e energético."

## Refinando o Conceito com Mais Detalhes

Mário percebe que pode adicionar ainda mais especificidade para obter uma imagem que realmente capture o espírito da exposição. Ele decide trabalhar mais no prompt.

**Prompt de Mário:** "Quero incluir alguns elementos visuais que representem transformação, como linhas fluídas ou formas em metamorfose. Gostaria que a imagem desse uma sensação de evolução contínua."

**Resposta do Prompter:**
"Boa adição! Vamos aprofundar a ideia de transformação e evolução:

- **Linhas Fluídas e Formas em Metamorfose:** Podemos incluir linhas sinuosas que convergem e se dividem, criando uma sensação de transição. Essas linhas poderiam ser feitas em diferentes espessuras e texturas para dar a impressão de movimento e complexidade.

• **Símbolos de Evolução:** Talvez incorporar formas que se transformam ao longo da imagem — de formas geomé tricas rígidas para curvas mais orgânicas — simbolizando uma evolução da estrutura para o caos ou da rigidez para a liberdade.

• **Foco e Perspectiva:** Você gostaria que a imagem tivesse um ponto de foco mais forte, ou deseja uma dispersão uniforme dos elementos?"

**Novo Prompt Refinado:**

"Crie uma imagem abstrata no estilo do expressionismo abstrato que represente liberdade e criatividade. A paleta de cores deve ser vibrante, utilizando tons quentes (vermelho, laranja, amarelo) com toques de azul contrastante. Incorpore linhas fluídas e formas em metamorfose, mostrando uma evolução contínua — as linhas devem convergir e se dividir, criando uma sensação de transição. As formas devem variar de geométricas para orgânicas, simbolizando a transformação e a liberdade. A imagem deve transmitir um fluxo dinâmico e energia, sem um ponto de foco fixo, para criar uma sensação de movimento constante."

## Incrementando o Conceito para Aumentar o Impacto

Mário está quase satisfeito, mas deseja que a imagem seja ainda mais marcante, algo que realmente capture a atenção dos espectadores da galeria.

**Prompt de Mário**: "Quero que a imagem tenha um impacto imediato, algo que faça as pessoas pararem para observar. Talvez incorporar uma textura ou um efeito visual que dê profundidade."

**Resposta do Prompter**:
"Para criar um impacto imediato:

- **Textura e Efeito Visual**: Podemos adicionar uma textura que pareça como tinta espessa, criando uma sensação de tridimensionalidade, como se a imagem estivesse saltando da tela. O uso de camadas de tinta com efeitos de respingo pode dar uma sensação adicional de espontaneidade e liberdade.
- **Iluminação e Sombra**: Criar efeitos de iluminação que deem a impressão de que certas partes estão mais próximas e outras mais distantes, aumentando a profundidade da imagem.
- **Contraste e Destaques**: Incluir áreas de alto contraste com branco e preto pode atrair o olhar do espectador, criando áreas que se destacam e outras que se dissolvem no fundo."

**Prompt Final Completo**:
"Crie uma imagem abstrata no estilo do expressionismo abstrato que represente liberdade e criatividade, destinada a uma campanha para uma galeria de arte. Utilize uma paleta de cores vibrantes, com tons quentes (vermelho, laranja, amarelo) e toques de azul para criar contraste. Incorpore linhas fluídas e formas em metamorfose, mostrando uma evolução contínua e transmitindo um fluxo dinâmico e energético. Adicione texturas que simulem tinta espessa, com camadas e respingos para criar

uma sensação tridimensional. Inclua efeitos de iluminação e sombras para dar profundidade, e use áreas de alto contraste para aumentar o impacto visual e atrair a atenção dos espectadores."

## O Processo Iterativo e o Poder do Prompter de Imagens

O processo de criação de imagens utilizando um "Prompter de Imagens" é uma ferramenta valiosa para gerar resultados detalhados e impactantes. Ao iterar com o prompter, Mário conseguiu definir não só a essência da imagem, mas também detalhes como textura, iluminação e impacto visual.

Essa abordagem demonstra o poder da **engenharia de prompts**, que, por meio de perguntas guiadas e refinamentos contínuos, permite alcançar resultados mais ricos e alinhados às expectativas. Utilizando o Prompter de Imagens, Mário conseguiu passar de uma ideia geral a um conceito completo e profundo, pronto para ser transformado em uma obra visual envolvente para a campanha da galeria de arte.

A imagem ficou assim:

Aqui está a imagem abstrata criada no estilo expressionista, conforme as especificações fornecidas. Ela reflete a liberdade e a criatividade, utilizando uma paleta de cores vibrante com tons quentes e contrastes em azul, linhas fluídas e texturas para dar uma sensação tridimensional. Essa obra visual foi feita para se adequar à campanha de uma galeria de arte, capturando o dinamismo e a energia desejados.

# Capítulo 40: O Executivo Thomas e Sua Secretária Virtual GPT

Neste capítulo, vamos acompanhar a jornada de **Thomas**, um executivo sênior de uma multinacional que utiliza o GPT como sua assistente pessoal para organizar sua agenda. A ideia é que Thomas possa usar comandos de voz, proporcionando uma experiência prática e eficiente que o liberta da necessidade de constantemente verificar seu calendário. A interação entre Thomas e o GPT mostra como a inteligência artificial pode facilitar a vida de um executivo ocupado, ajudando-o a se manter focado em suas prioridades sem perder detalhes importantes de sua agenda.

## O Calendário e a Rotina de Thomas

Thomas é um executivo ocupado, com compromissos diários que incluem reuniões com líderes de diferentes regiões, eventos de networking e sessões de planejamento estratégico. Para ajudá-lo a gerenciar tudo isso, ele decide fazer uso do assistente GPT como sua secretária pessoal.

Thomas carrega seu calendário digital com um arquivo ICS diretamente no chat do GPT e diz:

**Thomas:** "GPT, você vai ser minha secretária. Vou te fornecer o meu calendário e quero que você me diga os eventos dos próximos dias. Quero usar você como assistente de voz, então vou perguntar sobre meus compromissos e você vai me manter atualizado."

O calendário de Thomas inclui eventos como reuniões de conselho, calls com times de outras filiais, eventos sociais corporativos e compromissos de planejamento estratégico.

## Primeiras Interações: A Organização da Semana

Assim que o calendário é carregado, Thomas faz sua primeira solicitação:

**Thomas:** "GPT, quais são meus compromissos para os próximos dois dias?"

O GPT verifica os dados do calendário e responde:

**GPT:**
"Thomas, aqui estão seus compromissos para os próximos dois dias:

1.    **Reunião do Conselho de Administração -
Terça-feira, 09:00 - 11:00,** na Sala de Conferências da Matriz. Nesta reunião, você discutirá os resultados do trimestre e as metas para o próximo período.
2.    **Call com a Equipe de Inovação da Europa -
Terça-feira, 14:00 - 15:00.** Essa call será para discutir o progresso dos projetos de tecnologia e inovação em andamento nas filiais europeias.

3.      **Jantar com Potenciais Parceiros - Terça-feira, 20:00 - 22:00**, no restaurante Maison Rouge. Esse evento é uma oportunidade para explorar novas parcerias estratégicas.

4.      **Revisão do Planejamento Estratégico - Quarta-feira, 10:00 - 12:00**, no seu escritório. Você terá uma sessão de brainstorming com a equipe para revisar o plano estratégico da empresa."

## Simplificando o Planejamento Diário

Com as informações fornecidas, Thomas agora sabe como organizar suas próximas 48 horas e não precisa consultar o calendário repetidamente. Mais tarde, ao longo do dia, ele decide refinar ainda mais sua organização:

**Thomas:** "GPT, lembre-me de revisar os dados financeiros antes da reunião do conselho amanhã."

**GPT:**
"Claro, Thomas. Vou te lembrar de revisar os dados financeiros às 08:00 da manhã, uma hora antes da reunião do conselho."

**Thomas:** "Quais materiais eu preciso para a reunião de revisão estratégica de quarta-feira?"

**GPT:**
"Para a reunião de revisão estratégica, você precisará:

- O relatório do trimestre anterior com as metas cumpridas.
- Os slides da equipe de marketing com a projeção de crescimento.
- As notas do último encontro de planejamento estratégico, que você realizou há duas semanas."

## Gerenciamento de Mudanças na Agenda

No meio da semana, há uma mudança inesperada. Thomas recebe uma notificação de que o jantar com os parceiros foi adiado. Ele avisa o GPT:

**Thomas:** "GPT, o jantar de terça foi adiado. Atualize minha agenda e veja se posso agendar outra atividade para esse horário."

**GPT:**
"Entendi, Thomas. O jantar foi removido da agenda. Eu percebi que há uma reunião com a equipe de marketing que estava pendente de ser agendada. Que tal usarmos o horário de terça-feira à noite, às 20:00, para essa reunião, uma vez que os outros membros da equipe indicaram disponibilidade?"

**Thomas:** "Ótimo, pode marcar."

Assim, o GPT atualiza automaticamente o compromisso, garantindo que o tempo livre seja bem aproveitado e gera um arquivo ICS novo para ser atualizado no calendário.

## Visão Semanal e Planejamento Antecipado

Ao final de cada dia, Thomas pede ao GPT um resumo do que ele precisa ter em mente para o dia seguinte.

**Thomas:** "GPT, qual é o meu primeiro compromisso amanhã? Preciso de alguma preparação?"

**GPT:**
"Amanhã, seu primeiro compromisso é a **call com a equipe da Ásia**, às 08:30, para discutir a expansão do mercado. Eu sugiro que você revise o documento de previsões econômicas da região, pois ele será essencial para a discussão."

Essa interação facilita a rotina de Thomas, que não precisa abrir arquivos e verificá-los manualmente, já que o GPT o lembra dos materiais necessários e mantém a agenda sempre organizada.

## A Praticidade da IA na Gestão Executiva

Este capítulo exemplifica como o uso de IA como secretária pode transformar a rotina de um executivo. Thomas, ao utilizar o GPT para gerenciar sua agenda e fornecer lembretes específicos sobre reuniões e materiais, consegue otimizar seu tempo e manter o foco nas decisões mais estratégicas.

O GPT atua não apenas como uma agenda, mas como um assistente proativo, ajustando eventos e fornecendo lembretes oportunos, garantindo que Thomas esteja sempre preparado e atualizado. A integração da IA na gestão executiva permite que Thomas se concentre no que realmente importa — a estratégia e o crescimento da empresa —, enquanto a IA lida com os detalhes logísticos.

# Capítulo 41: Planejamento de Férias pela Europa - O Itinerário de Juliane e Lucas

Neste capítulo, acompanhamos **Juliane**, uma médica dermatologista, e **Lucas**, diretor de segurança privada, enquanto planejam suas férias de 30 dias pela Europa. O casal quer visitar algumas das principais cidades do continente, incluindo **Paris, Londres, Amsterdã, Barcelona, Lisboa, Berlim e Roma**. Eles estão em busca de um itinerário inteligente, que maximize o aproveitamento das cidades, sugerindo locais de visitação relevantes para seus interesses e profissões. Para isso, eles utilizam o GPT como seu assistente de viagem, ajudando-os a organizar o roteiro, prever tempos de viagem e sugerir transporte e atividades.

## O Início do Planejamento

Juliane e Lucas iniciam sua interação com o GPT explicando seu objetivo:

**Juliane**: "GPT, vamos fazer uma viagem de 30 dias pela Europa e queremos visitar Paris, Londres, Amsterdã, Barcelona, Lisboa, Berlim e Roma. Queremos um roteiro que seja prático, que considere tempos de transporte, e gostaríamos de visitar locais que tenham a ver com nossas profissões também. Sou médica e o Lucas é diretor de segurança privada. Pode nos ajudar a montar isso?"

**GPT**: "Claro, Juliane e Lucas! Vou elaborar um itinerário completo, sugerindo o melhor fluxo para visitar essas cidades, incluindo os principais pontos turísticos e atividades que combinam com seus interesses profissionais."

**O Itinerário Completo**

O GPT sugere um **itinerário linear** para evitar deslocamentos desnecessários, começando pela cidade mais próxima e seguindo um trajeto eficiente.

- **Dias 1 a 4: Paris, França**
- **Dia 1**: Chegada em Paris, check-in no hotel e uma visita inicial à Torre Eiffel e Champ de Mars. À noite, jantar em um restaurante francês autêntico.
- **Dia 2**: Visita ao **Museu do Louvre**. Como Juliane é dermatologista, o GPT sugere uma visita detalhada às obras de arte que representam a pele em seus diferentes aspectos, como pinturas renascentistas. À tarde, visita ao **Musée Rodin**.
- **Dia 3**: Passeio pelos **Jardins de Luxemburgo**. Lucas poderá aproveitar o passeio ao redor da **Place de la Concorde**, explorando a segurança histórica dos monumentos e a arquitetura do **Palácio Nacional dos Inválidos**.
- **Dia 4**: Passeio ao longo do **Rio Sena** com uma parada em **Montmartre** para apreciar a vista da cidade.
- **Dias 5 a 8: Londres, Reino Unido**
- **Dia 5**: Viagem de trem para Londres pelo **Eurostar**. Chegada e passeio pela **Tower Bridge** e pela **Torre de**

**Londres**. Lucas pode apreciar os detalhes sobre a segurança histó rica da torre.

- **Dia 6**: Visita ao **Museu de História Natural**, com foco em exposições sobre saúde, pele e evolução, interessante para Juliane.
- **Dia 7**: Visita ao **Palácio de Buckingham** e aos **Jardins de Kensington**. Lucas poderá se interessar pela troca da guarda, observando aspectos de segurança.
- **Dia 8**: Passeio em **Camden Market**, finalizando com uma visita ao **The Shard** para uma vista panorâmica de Londres.
- **Dias 9 a 11: Amsterdã, Países Baixos**
- **Dia 9**: Viagem de trem para Amsterdã. Passeio pelo **Canal Belt** e check-in no hotel.
- **Dia 10**: Visita ao **Rijksmuseum**, seguido de uma parada no **Museu Van Gogh**. Juliane poderá se interessar pelas t écnicas artísticas que enfatizam a textura da pele e cores vibrantes.
- **Dia 11**: Passeio ao **Vondelpark** e visita à **Casa de Anne Frank**, explorando os aspectos históricos de segurança que podem ser interessantes para Lucas.
- **Dias 12 a 15: Berlim, Alemanha**
- **Dia 12**: Viagem de trem para Berlim e check-in. Passeio pelo **Portão de Brandemburgo** e pela **Ilha dos Museus**.
- **Dia 13**: Visita ao **Memorial do Muro de Berlim** e ao **Museu da Stasi**. Lucas poderá se interessar pelos aspectos de segurança e vigilância da época da Guerra Fria.

- **Dia 14**: Visita ao **Jardim Botânico de Berlim**. Para Juliane, o jardim oferece uma oportunidade de aprender sobre plantas medicinais e seus usos dermatológicos.
- **Dia 15**: Passeio pela **Alexanderplatz** e pela **Catedral de Berlim**.
- **Dias 16 a 19: Roma, Itália**
- **Dia 16**: Voo para Roma e check-in. Passeio noturno pelo **Trastevere**.
- **Dia 17**: Visita ao **Coliseu** e ao **Fórum Romano**. Lucas poderá explorar a arquitetura e os mecanismos de segurança da Roma Antiga.
- **Dia 18**: Visita aos **Museus do Vaticano** e à **Capela Sistina**. Juliane poderá apreciar as obras de arte que retratam a pele e as formas humanas de forma rica e detalhada.
- **Dia 19**: Passeio pela **Fontana di Trevi** e **Piazza Navona**.
- **Dias 20 a 23: Barcelona, Espanha**
- **Dia 20**: Viagem para Barcelona e check-in. Visita ao **Parque Güell**.
- **Dia 21**: Visita à **Sagrada Família**. Lucas poderá explorar os aspectos de segurança e arquitetura desta obra monumental.
- **Dia 22**: Passeio pelas **Ramblas** e visita ao **Mercado La Boqueria**.
- **Dia 23**: Passeio à beira-mar e relaxamento na **Praia de Barceloneta**.
- **Dias 24 a 27: Lisboa, Portugal**

- **Dia 24**: Voo para Lisboa e check-in. Passeio pelo bairro de **Alfama**.
- **Dia 25**: Visita ao **Mosteiro dos Jerónimos** e à **Torre de Belém**. Lucas poderá explorar a importância histórica e estratégica dessas construções.
- **Dia 26**: Passeio ao **Oceanário de Lisboa**, com exposições sobre biodiversidade que podem interessar Juliane.
- **Dia 27**: Excursão de um dia para **Sintra**, visitando o **Palácio da Pena**.
- **Dias 28 a 30: Retorno e Relaxamento**
- **Dia 28**: Retorno a Paris para o voo de volta. Dia livre para explorar o que ficou pendente.
- **Dias 29 e 30**: Relaxamento em Paris antes do retorno ao Brasil.

## Planejamento de Transporte e Tempos de Viagem

O GPT também ajuda Juliane e Lucas a planejar o transporte entre as cidades de forma eficiente:

- **Trens de Alta Velocidade:** Entre cidades como Paris-Londres, Londres-Amsterdã e Amsterdã-Berlim, o GPT sugere o uso de trens de alta velocidade como o **Eurostar** e o **ICE**, que oferecem viagens confortáveis e rápidas, evitando o tempo perdido em aeroportos.
- **Voos de Curta Distância:** Para os trechos mais longos, como Berlim-Roma e Barcelona-Lisboa, o GPT recomenda voos de curta distância. As passagens são reservadas

em horários que permitem aproveitar ao máximo cada cidade, minimizando deslocamentos durante o dia.

• **Transporte Local**: Dentro das cidades, o GPT sugere o uso do **metrô e ônibus turísticos** para deslocamento rápido e eficiente. Em algumas cidades, como Amsterdã e Barcelona, também recomenda o aluguel de bicicletas, proporcionando uma experiência local mais autêntica.

## Visitas Relacionadas às Profissões de Juliane e Lucas

O GPT adapta o itinerário para incluir atividades que façam sentido para as profissões de Juliane e Lucas:

• **Juliane** (Dermatologista): A visita ao **Museu Van Gogh** e ao **Museu do Louvre** inclui obras que mostram a pele de forma detalhada, proporcionando inspiração artística. A passagem pelo **Jardim Botânico de Berlim** também destaca plantas medicinais e seus usos em dermatologia.
• **Lucas** (Diretor de Segurança Privada): O **Museu da Stasi** em Berlim e a **Torre de Londres** oferecem insights sobre segurança histórica, espionagem e proteção. Lucas também se interessa pelos aspectos de segurança das construções históricas, como o **Coliseu** e a **Torre de Belém**.

Neste capítulo, vimos como Juliane e Lucas, com a ajuda do GPT, conseguiram planejar uma viagem pela Europa de maneira inteligente e eficiente. Utilizando a IA, eles obtiveram um itinerário que não só cobre os principais pontos turísticos, mas também considera seus interesses pessoais e profissionais, garantindo uma experiência enriquecedora.

A IA não apenas sugeriu locais e atividades, mas também cuidou dos detalhes logísticos — transporte, horários e otimização do tempo — para que o casal pudesse aproveitar ao máximo seus 30 dias pela Europa. Este exemplo demonstra como a tecnologia pode ser uma parceira fundamental na criação de experiências ú nicas e personalizadas, facilitando o planejamento e a organização de uma viagem de sonho.

# Capítulo 41 (Continuação): O Jantar Parisiense de Juliane e Lucas

Depois de um longo dia explorando Paris, **Juliane** e **Lucas** retornam ao seu Airbnb e decidem que, em vez de sair para jantar, preferem preparar algo especial utilizando os ingredientes frescos comprados no mercado local. Porém, cansados, precisam de uma ajudinha para elaborar um menu que seja saboroso, prático e harmonize bem com os vinhos que adquiriram: um branco e um tinto.

**Juliane:** "GPT, precisamos de ajuda! Temos aqui alguns ingredientes como foie gras, peito de frango, aspargos, batatas, tomates, manteiga, leite, queijo gruyere, pão e vinho. O que podemos preparar para um jantar caprichado?"

**GPT:** "Claro, Juliane e Lucas! Vou sugerir um jantar completo que harmonize perfeitamente com o vinho que vocês têm. Vamos preparar uma entrada, um prato principal e uma sobremesa que aproveitarão ao máximo os ingredientes disponíveis."

Entrada: Foie Gras com Torradas e Redução de Vinho Tinto

**Ingredientes:**

- Foie gras
- Pão

- Vinho tinto (para a redução)
- Sal e pimenta

**Preparo:**

1.  **Redução de Vinho Tinto**: Em uma panela pequena, coloque uma xícara do vinho tinto com uma colher de sopa de açúcar. Deixe em fogo médio até reduzir pela metade e ficar com uma textura de xarope.
2.  **Torradas**: Corte o pão em fatias e torre levemente em uma frigideira com um pouco de manteiga, até que fiquem douradas e crocantes.
3.  **Foie Gras**: Tempere o foie gras com sal e pimenta e sele rapidamente em uma frigideira quente por 1 a 2 minutos de cada lado.
4.  **Montagem**: Coloque o foie gras sobre as torradas e finalize com um fio da redução de vinho tinto. Sirva imediatamente.

**Harmonização**: A entrada harmoniza bem com o **vinho tinto** que vocês têm, já que a riqueza do foie gras se complementa com as notas encorpadas e frutadas do vinho.

## Prato Principal: Peito de Frango com Aspargos e Batatas Gratinadas

**Ingredientes:**

- Peito de frango

- Aspargos
- Batatas
- Queijo gruyere
- Manteiga
- Leite
- Sal, pimenta e curry (opcional)

**Preparo:**

1.  **Batatas Gratinadas:**
- **Pré-preparo:** Descasque e fatie as batatas em rodelas finas. Em uma panela, aqueça 1 xícara de leite com 2 colheres de sopa de manteiga, sal e pimenta.
- **Montagem:** Em um refratário untado, coloque camadas de batatas, despeje o leite aquecido e polvilhe o queijo gruyere ralado por cima.
- **Cozimento:** Leve ao forno pré-aquecido a 180°C por cerca de 30-40 minutos, ou até que as batatas estejam macias e o topo esteja dourado e borbulhante.

2.  **Peito de Frango com Aspargos:**
- **Frango:** Tempere os peitos de frango com sal, pimenta e, se desejarem um toque mais exótico, uma pitada de curry. Aqueça uma frigideira com manteiga e sele os peitos de frango por 4-5 minutos de cada lado, até estarem cozidos e dourados.
- **Aspargos:** Na mesma frigideira, adicione um pouco mais de manteiga e refogue os aspargos até ficarem macios, mas ainda crocantes (cerca de 3-4 minutos). Tempere com sal e pimenta.

**Harmonização**: O **vinho branco** é ideal para o prato principal. Sua acidez limpa o paladar da cremosidade das batatas gratinadas e combina bem com o sabor delicado do frango e dos aspargos.

## Sobremesa: Queijo Gruyere com Mel e Tomates Confitados

**Ingredientes**:

- Queijo gruyere
- Tomates
- Mel
- Azeite
- Sal

**Preparo**:

1.    **Tomates Confitados**: Corte os tomates em metades e coloque-os em uma assadeira. Regue com azeite, tempere com sal e leve ao forno baixo (cerca de 120°C) por 1 hora, até que fiquem caramelizados e macios.

2.    **Montagem**: Corte pedaços do queijo gruyere e coloque-os em um prato. Sirva com os tomates confitados ao lado e finalize com um fio de mel sobre o queijo.

**Harmonização**: A sobremesa pode ser acompanhada tanto pelo vinho branco quanto pelo tinto, dependendo da preferência de vocês. O toque salgado do queijo gruyere harmoniza bem com o mel e os tomates, proporcionando um contraste interessante com ambos os vinhos.

Com o auxílio da IA, Juliane e Lucas conseguem preparar um jantar digno de um restaurante francês em seu Airbnb em Paris. A entrada de foie gras é perfeita para dar início à refeição, proporcionando um toque sofisticado. O prato principal, com frango e batatas gratinadas, é aconchegante e harmoniza bem com o vinho branco, enquanto a sobremesa fecha a noite de forma leve e interessante, combinando sabores doces e salgados.

Este capítulo mostra como a IA pode ser uma companheira indispensável, mesmo em momentos de descontração, ajudando Juliane e Lucas a transformar uma simples noite cansada em uma experiência gastronômica única, aproveitando ao máximo os ingredientes comprados no mercado local e os vinhos selecionados.

# Capítulo 42: Terapia com GPT - A Crise de Johnny e Suzy

Depois de 30 anos juntos, **Johnny** e **Suzy** estão enfrentando um dos momentos mais delicados de seu casamento. As brigas se tornaram frequentes, e ambos parecem estar presos em um ciclo de frustração. Suzy se sente constantemente criticada e incomodada pela postura de Johnny, enquanto ele acredita que Suzy tende a exagerar nas situações, o que cria uma atmosfera tensa e desagradável em casa. Seus filhos, já adultos e na casa dos 20 anos, observam a relação desgastada dos pais e ficam tristes ao ver o casamento por um fio.

Desesperado por uma mudança, Johnny decide recorrer ao **GPT**, buscando uma forma alternativa de lidar com o problema. Talvez a tecnologia possa ajudar a quebrar o ciclo de negatividade e trazer um pouco de leveza à relação. Ele então explica a situação para o GPT e pede ajuda:

**Johnny**: "GPT, Suzy e eu estamos brigando muito ultimamente. Ela acha que eu pego no pé dela o tempo todo, e eu acho que ela exagera. Quero que nosso casamento volte a ser leve como antes, mas não sei por onde começar. O que podemos fazer para melhorar nossa relação?"

**GPT**: "Entendo a situação, Johnny. Manter um relacionamento leve e saudável após tantos anos juntos pode ser desafiador, especialmente quando os padrões de comunicação se tornaram negativos. Vou sugerir algumas ideias que podem ajudá-los a transformar essa dinâmica, trazendo mais empatia, compreensão e momentos de conexão."

## Reavaliar a Comunicação

**GPT**: "Uma das causas mais comuns de desgaste em um relacionamento é a forma como comunicamos nossas insatisfações. Muitas vezes, críticas são feitas sem pensar nas palavras usadas, o que pode machucar o outro e criar ressentimentos. Sugiro que, da próxima vez que você se sentir incomodado, tente expressar seus sentimentos de maneira não acusatória.

Em vez de dizer: 'Você sempre exagera!' você poderia tentar: 'Eu me sinto frustrado quando a situação fica mais intensa do que eu esperava. Podemos falar sobre isso de forma mais calma?'. Essa mudança pode ajudar Suzy a sentir que você está disposto a resolver o problema de uma maneira menos confrontacional."

**Johnny**: "Acho que posso tentar ser mais cuidadoso com as palavras. Vou fazer um esforço."

## Criar Momentos de Conexão Positiva

**GPT**: "Outra recomendação é criar momentos de conexão leve, nos quais vocês possam se lembrar do que gostam um no outro. Planejem uma noite de 'lembranças positivas' — um jantar em casa ou em um restaurante tranquilo onde vocês possam relembrar os momentos bons do passado. Conversem sobre as aventuras que tiveram juntos, os desafios que superaram como casal e como essas experiências ajudaram a fortalecer a relação."

**Suzy**, ao ouvir a ideia de Johnny sobre recriar momentos de conexão, se emociona e concorda: "Sinto falta desses momentos. Acho que nunca paramos para relembrar o quanto já fizemos juntos."

## Praticar a Escuta Ativa

**GPT**: "Algo essencial em qualquer relacionamento, mas que muitas vezes é deixado de lado com o passar dos anos, é a **escuta ativa**. Quando Suzy expuser suas preocupações, tente ouvir sem interromper e sem preparar uma resposta imediata na cabeça. Apenas escute. Quando ela terminar, repita o que entendeu da fala dela, algo como: 'Entendi que você se sente desvalorizada quando eu critico sua forma de agir. É isso?'. Isso não só demonstra que você está ouvindo, como também oferece espaço para ela corrigir qualquer mal-entendido."

**Johnny**: "Entendi. Muitas vezes eu ouço só pensando na minha resposta, sem realmente ouvir o que ela sente."

## Reduzir as Expectativas Perfeccionistas

**GPT**: "Johnny, parte da frustração que ambos sentem pode ser resultado de expectativas não realistas um com o outro. Muitas vezes, quando estamos juntos há muito tempo, começamos a exigir uma perfeição impossível do parceiro. Tente focar nas qualidades de Suzy que o fizeram se apaixonar por ela em primeiro lugar. Relembre o que você admira nela, em vez de se prender ao que gostaria que fosse diferente."

**Suzy**, ao ouvir essa sugestão, também percebe que pode ser mais flexível: "Eu também preciso deixar de lado essa expectativa de que tudo seja perfeito. Posso ser dura com você às vezes, Johnny."

## Propor um "Dia Sem Críticas"

**GPT**: "Vocês poderiam instituir um 'Dia Sem Críticas'. Escolham um dia da semana em que nenhum dos dois faça críticas ao outro. Nesse dia, apenas compartilhem elogios ou observações positivas. A ideia é ajudar a reverter a dinâmica negativa e criar espaço para apreciação. Pode parecer simples, mas é uma prática poderosa para mudar o tom da relação."

**Johnny**: "Gostei disso. Podemos tentar aos sábados, que é o dia em que geralmente passamos mais tempo juntos."

**Suzy**: "Sim, vamos fazer isso."

## Incluir os Filhos no Processo

**GPT**: "Não se esqueçam de que seus filhos também são impactados pela dinâmica do relacionamento de vocês. Que tal incluir uma atividade familiar no fim de semana para mostrar que vocês estão comprometidos em melhorar a situação? Pode ser um almoço em família onde todos compartilhem coisas boas que apreciam uns nos outros. Isso pode ajudar a criar um clima mais leve e mostrar aos filhos que vocês estão realmente tentando."

**Johnny:** "Nossos filhos têm reclamado de ver a gente brigando. Acho que um almoço desses poderia ser uma boa ideia para eles também."

**Suzy:** "Sim, eles também merecem ver que estamos tentando."

Depois de ler as sugestões do GPT, Johnny e Suzy começam a implementar pequenas mudanças em seu dia a dia. Eles percebem que não há uma solução mágica para transformar completamente o casamento da noite para o dia, mas que passos simples e consistentes podem fazer uma grande diferença. Johnny se compromete a ouvir melhor e ser menos crítico, enquanto Suzy está disposta a ser mais flexível e a relembrar os bons momentos. Juntos, eles decidem seguir com o "Dia Sem Críticas" e começam a criar memórias positivas.

Os filhos, que antes estavam desanimados com as constantes discussões, ficam felizes em ver o esforço dos pais para melhorar o relacionamento e voltam a se sentir parte de uma família unida.

Este capítulo mostra que, mesmo nas situações mais desafiadoras, a IA pode ser uma aliada valiosa, oferecendo sugestões que podem parecer pequenas, mas que, na prática, têm o potencial de transformar a dinâmica familiar. O uso do GPT como uma ferramenta de apoio emocional não substitui uma terapia profissional, mas pode oferecer insights e práticas que ajudam a melhorar o relacionamento de forma significativa.

# Epílogo: IA para Todos - Um Futuro ao Seu Alcance

Chegamos ao final desta jornada, e agora é o momento de refletir sobre a ideia central que guiou cada capítulo deste livro: a **IA é para todos**. Mas o que isso significa na prática?

A inteligência artificial, como foi apresentada aqui, é uma ferramenta acessível e capaz de transformar profundamente a vida de qualquer pessoa disposta a utilizá-la com criatividade e propó sito. Seja um profissional de saúde buscando diagnósticos precisos, um advogado revisando contratos, um estudante organizando seus estudos, ou até mesmo um casal em crise, a IA se mostrou uma aliada poderosa. Ela não é exclusiva dos especialistas em tecnologia — ela é, por definição, uma tecnologia democrática, ao alcance de todos que desejam aprender a utilizá-la para solucionar problemas do cotidiano.

## Estratégias Metalinguísticas e o Poder dos Prompts

Um dos conceitos mais inovadores explorados neste livro é a ideia das **estratégias metalinguísticas** — prompts que criam outros prompts, formando um ciclo virtuoso de refinamento e aprimoramento de resultados. Esta abordagem metalinguística permite ir além da interação comum com a IA, transformando-a em um verdadeiro processo colaborativo, em que o usuário e a IA trabalham juntos, de forma iterativa, para alcançar a melhor resposta possível.

Esses **prompts avançados** demonstram que quanto mais detalhado e bem estruturado for o comando, melhor será o resultado obtido. Aprender a elaborar prompts que desafiem o GPT a pensar de maneiras específicas, ou a criticar e refinar os próprios comandos, é uma habilidade fundamental para maximizar o potencial da IA. Essa é a chave para explorar novos horizontes e aproveitar ao máximo o que a tecnologia tem a oferecer.

## IA como Agente Pessoal

A IA pode ser mais do que uma ferramenta passiva — ela pode se tornar um verdadeiro **agente pessoal**, que otimiza o dia a dia, prevê necessidades, e traz resultados que facilitam as decisões. Ao fornecer ao GPT documentos, calendários, links e pedidos de busca, estamos criando um cenário em que a IA se transforma em um assistente completo e proativo, capaz de:

- Organizar compromissos e prever conflitos de agenda.
- Buscar informações relevantes para tomadas de decisão estratégicas.
- Auxiliar na escrita de documentos complexos, analisando e sintetizando ideias.
- Ajustar o tom e a linguagem de acordo com o contexto, facilitando a comunicação.

Essas capacidades tornam o GPT um aliado prático, que vai muito além das funções básicas de responder perguntas. Ele se torna um

**agente que antecipa necessidades,** otimiza tarefas repetitivas, e oferece insights que simplificam a tomada de decisões.

## Um Material Adicional para o Curso Online

Este livro também é parte de um **curso online** que expande a ideia de "IA para Todos". Ele serve como material de estudo adicional, onde cada capítulo pode ser explorado em profundidade, com exercícios práticos para a criação de prompts, projetos guiados para diferentes profissões, e discussões sobre os melhores usos da IA no dia a dia.

A ideia é inspirar os leitores a criarem **prompts cada vez melhores,** facilitando a vida e trazendo soluções práticas para problemas cotidianos. A IA se torna um verdadeiro assistente virtual, relevante para aumentar a produtividade, diminuir riscos, analisar gráficos, corrigir bugs em códigos, e otimizar o tempo — tudo isso enquanto se mantém uma fonte de segundas opiniões importantes e confiáveis.

## A IA para Todos e o Futuro

A mensagem principal deste livro é clara: **a IA é para todos**. Aqueles que souberem utilizar essas ferramentas terão uma vantagem competitiva no futuro, otimizarão seu tempo, e alcançarão melhores resultados em suas áreas de atuação. Todos os exemplos e prompts apresentados aqui são **utilizáveis na vida real,** aplicáveis em uma ampla variedade de contextos profissionais: saúde, administração, educação, comunicação, arte, escrita, turismo, e muito mais.

O propósito deste livro é **inspirar novos usos da IA**, cada vez mais relevantes, em uma sociedade que está em constante transformação. A tecnologia não é um fim, mas um meio para alcançar um cotidiano mais produtivo, menos estressante, e mais criativo.

Mas essa jornada não acaba aqui. Este é apenas o primeiro livro de uma série dedicada ao potencial da inteligência artificial. **"IA para Executivos"**, **"IA para Educação"**, **"IA para Saúde"**, entre outros, serão os próximos capítulos desta série em expansão. Cada volume trará um mergulho ainda mais profundo em como a IA pode ser utilizada de maneira específica para cada contexto, adaptando suas capacidades para os desafios e necessidades particulares de cada área.

A IA está aqui para todos nós — e, ao entender como usá-la de maneira inteligente, podemos construir um futuro onde cada indivíduo tem as ferramentas necessárias para transformar sua pr ópria realidade, criar oportunidades, e melhorar suas vidas e as das pessoas ao seu redor. A jornada está apenas começando, e a próxima revolução tecnológica já está em suas mãos.

# Sobre o Autor

**Leonardo Dias** é um empreendedor e escritor brasileiro com uma trajetória marcada pela inovação e pelo desejo de transformar ideias em realidade. Fundador de empresas como **Semantix.ai** e **Atendente.ai**, Leonardo se destaca por seu trabalho na área de tecnologia, especialmente em inteligência artificial, ciência de dados e Big Data. Sua jornada como empreendedor incluiu o processo desafiador e recompensador de levar uma startup ao **IPO na Nasdaq**, demonstrando sua visão e capacidade de construir negócios sólidos e inovadores.

Com formação em **Sistemas, Jornalismo** e um **MBA em Gestão Empresarial**, Leonardo é um exemplo de como a interdisciplinaridade pode enriquecer a compreensão das novas tecnologias e suas aplicações práticas. Sua experiência em múltiplas áreas lhe permite abordar problemas complexos com uma perspectiva ampla e criativa, algo que reflete em suas atividades como professor e escritor.

Desde **2012**, Leonardo atua como professor na área de dados, ajudando a formar novas gerações de profissionais em **machine learning, data science** e **Big Data**. Suas aulas são conhecidas pelo equilíbrio entre o rigor técnico e a aplicação prática, sempre com um olhar voltado para as inovações que estão por vir.

Além de seu trabalho na tecnologia, Leonardo Dias é também reconhecido por seus textos em **política, cultura, história** e outros **temas investigativos.** Seus escritos combinam profundidade analítica e uma visão crítica, tornando-o uma refer ência tanto para aqueles que buscam conhecimento na área tecnol ógica quanto para os que apreciam reflexões sobre os temas mais complexos da sociedade contemporânea. Ele acredita no poder da informação para transformar a realidade, e essa crença é o que guia sua produção intelectual, seja em artigos, livros ou aulas.

Leonardo tem um estilo de escrita que busca ser acessível e inspirador, especialmente para aqueles que, como ele, acreditam que a tecnologia deve estar ao alcance de todos. Sua abordagem prática e direta tem ajudado muitas pessoas a entenderem o papel da **inteligência artificial** no mundo de hoje, desmistificando conceitos e mostrando como essas ferramentas podem ser utilizadas por qualquer pessoa, em qualquer área de atuação.

O livro **"IA para Todos"** é mais um passo nessa missão de democratizar o conhecimento tecnológico, inspirado por sua pró pria jornada como empreendedor e educador. Leonardo Dias convida os leitores a explorar as possibilidades infinitas da IA, sempre com o objetivo de aumentar a produtividade, otimizar processos e permitir que cada pessoa possa ser mais do que jamais imaginou ser possível. E esta é apenas a primeira obra de uma sé rie que promete explorar ainda mais os desdobramentos da revolução tecnológica que estamos vivendo.

Leonardo acredita que a tecnologia deve servir às pessoas, e não o contrário, e dedica-se a criar conteúdos que possam guiar essa visão, mostrando que a **inteligência artificial é, verdadeiramente, para todos.**